A mio marito, e grazie per gli strudel

Sto per compiere 40 anni e non ho (ancora) un figlio. Ho messo tra parentesi quell'*ancora* per un moto di autocompassione, per un briciolo di scaramantica speranza, ma rileggendolo mi rendo conto che non è commovente: è solo ridicolo. Ho quasi 40 anni e sto *ancora* pensando a un figlio?

Pazienza. Questa è la realtà: i 40 anni si avvicinano (non vi dirò quanto) e non ho un figlio. Ancora. Dentro quell'*ancora* c'è tutto: illusioni e lacrime, oroscopi e statistiche mediche, test di gravidanza e fialette delle cure ormonali. Non è più un avverbio: è uno stato temporale, una nuova dimensione. E, sospetto, dentro quell'*ancora* non ci sono solo io. Ma, come me, migliaia di "mamme non ancora". Mamme che hanno solo presentato la candidatura. Aspiranti Madri.

Quelle donne che vorrebbero disperatamente esibire con orgoglio una pancia all'ottavo mese, tenere in braccio un figlio appena nato e baciargli la testa, mettere sulla scrivania una sua foto e pensare: È vero, l'ho fatto proprio io. E invece no: noi Aspiranti Madri siamo dall'altra parte. Dalla parte di quelle che guardano le Mamme in Passerella e tirano fuori, di nascosto, la boccettina del Rescue Remedy. Dalla parte di quelle che a ogni pancia in avvistamento pensano: Perché io no?

Ma è quell'*ancora* che ci salva. Quell'*ancora* che è la nostra dannazione. Che ci permette di sperare, guardare compulsivamente il calendario controllando quanti giorni di ritardo (non) abbiamo, che ci spinge a tentare e riprovare e, spesso, a farci del male.

E dire che a 15 anni pensavamo di aver già sofferto l'indicibile quando la zia di turno domandava: "Come mai non hai *ancora* un fidanzato?" Oggi come allora è impossibile rispondere: "Pensa ai fatti tuoi". Oggi come allora si vorrebbe solo andare a piangere in bagno. Ma non si può. Siamo adulte e bisogna sorridere e Cambiare Argomento. Difficile, quando le domande sono di questo tenore:

"Ma come, proprio non volete dei bambini? È lui che non li vuole o sei tu?"

"Non voglio immischiarmi, ti consiglio solo di non aspettare, poi è troppo tardi..."

"Credimi: se potessi tornare indietro, li farei subito..."

"Su, quand'è che ci fai un nipotino?"

"Proprio non senti l'orologio biologico?"

(*con sguardo alla pancia*) "Ma sei incinta?"

Questa è la domanda peggiore, un vero colpo all'autostima. Non solo non sono incinta, ma ho anche quei (2, 3, 5) chili in più.

E siccome non c'è mai limite al peggio, con il passare degli anni, mentre ticchetta il famoso orologio biologico (dev'essere per questo che ho smesso di portare anche quello da polso), le domande si fanno sempre più rare. All'improvviso mi trovo quasi a sperare che qualcuno faccia una delle Solite Domande, altrimenti, è davvero il caso di preoccuparsi. Troppo vecchia? Caso pietoso già cancellato dalla lista delle Aspiranti Mamme? Vi prego, chiedetemi qualcosa... Prima che la domanda diventi:

"Com'è che non *avete avuto* figli?"

Ho (quasi) 40 anni e, a parte questo piccolo vuoto sul passaporto (a proposito, qualche anima caritatevole potrebbe eliminare la tortura della pagina muta riservata ai "figli", con gli spazi pronti a ricevere le foto di bambini che non ci sono?), la mia vita non è niente male. Ho una terrazza provvista di rose, un marito (che si occupa dei fiori e di altre cose piacevoli della nostra vita), amiche di tutte le misure e utilità. E poi, sì... ho anche due genitori, per fortuna "disinnescati", visto che sono sempre in viaggio (sulla barca a vela che mio padre ha comprato andando in pensione, e sulla quale costringe mia madre a passare più tempo di quanto lei voglia). Da loro non ho ereditato l'abilità sportiva, e neppure la statura: il mio metro e cinquantanove mi costringe a guardare il mondo da una prospettiva molto vicina al rasoterra.

E, infine, ho un lavoro. Lavoro per un sito web: il nome, improbabile ma per fortuna non opera mia, è www.sullettino.it. Sì, lo so, un po' ambiguo. Ma è tutto legale: il lettino è quello dello psicanalista (o quasi). Quasi, perché in realtà il proprietario-finanziatore del sito non è uno psicologo, ma un ex produttore di materassi. Il Grande Materassaio, come lo chiamo io (non troppo di nascosto), si è appassionato ai problemi di letto & dintorni qualche anno fa, cercando una nuova strategia di vendita per i suoi Permaflex. Cosa interessa all'acquirente di un letto, si è chiesto? Dormire bene, certo. Ma se si riuscisse a vendere un materasso per così dire "garantito erotico"? Complice l'ex moglie, una psicologa (o presunta tale), ha autoprodotto un manuale che all'inizio regalava insieme ai materassi. Titolo: *Supermolleggiati*. Sottotitolo: "100 consigli in camera da letto e oltre". Il più sorpreso di tutti, quando sono arrivati i primi clienti per comprare il libro e non il letto, è stato lui. Quindi? Quindi, rapidissimo, ha affidato l'azienda ai figli e si è dedicato a cose più divertenti.

Al primo manuale ne sono seguiti un secondo e un terzo. Poi sono nati il centro di psicoconsulenza Il Lettino (il Grande Materassaio stava pensando addirittura di diffondere il marchio in franchising, una specie di fast food della terapia, ma l'ordine degli psicologi è insorto) e, con la sottoscritta, il sito web. I materassi continuano a vendere, e a dir la verità non sono male, anche se non ne ho mai comprato uno. A me, però, servirebbe il "garantito concepimento", non il "garantito erotico"!

Insomma, quali sono gli obiettivi del sito di cui sono

ideatrice e responsabile? Obiettivo numero uno: fornire gratis una prima consulenza psicosessuale via web (è qui che entro in gioco io). Obiettivo numero due: pubblicizzare il centro di psicoconsulenza e i relativi gruppi di autoaiuto, i seminari di autostima sessuale. Obiettivo numero tre, secondo me quello reale): far sì che il Grande Materassaio si occupi sempre meno di orgasmi multipli e sempre più di mante e delfini (da quando ha preso il brevetto di diving, l'unico materasso che gli interessa è quello gonfiabile da spiaggia). Il sito gli permette di esserci... senza esserci, ovvero di lasciare me alle prese con le richieste più assurde mentre lui è sott'acqua.

Ma non mi lamento: è uno dei lavori più divertenti che abbia avuto finora, e quindi me lo tengo stretto. Anche perché, meraviglia delle nuove tecnologie, lo posso fare tranquillamente da casa, intanto che mi dedico all'Operazione Bambino. Che è, diciamolo, il mio vero lavoro.

1

PILLOLA ADDIO: I MISTERI DELLA FERTILITÀ

Come tutte le Aspiranti Madri, non sono sempre stata così. C'è stato un periodo – a dir la verità, ora mi sembra oltremodo remoto – in cui mi preoccupavo d'altro. Ad esempio, dell'operazione opposta a quella che mi delizia adesso: ciò che più mi angustiava non era il rimanere incinta, ma il come NON *rimanere incinta.*

E dire che sembrava abbastanza facile. Sono cresciuta con la pillola: o meglio, con la possibilità – il diritto – di andare in consultorio, farsi prescrivere la magica scatoletta da 21 confetti e affrontare con beata leggerezza i misteri dell'erotismo. A quel tempo erano gli unici misteri davvero interessanti (non quelli, ahimè ancora più impenetrabili, della fertilità).

Bei momenti, quando discutevamo di pillola & C. Ricordate? Io non la posso prendere perché mi gonfia. Io perché la libido cala e mi viene da piangere. Io me la dimentico sempre. Se la dimentichi, entro quante ore si può prendere? Se ne dimentichi due di fila cosa succede? Tu la interrompi? Per quanti mesi? E, per caso, conosci una farmacia che me la dia senza ricetta?

Le ragazze della pillola erano una razza a sé, ignare e indifferenti a tutte le altre varianti – preservativo, diaframma, spirale –, così poco pratiche rispetto alla magica pastiglietta di ormoni che, credo, nessuna di noi sapeva bene come funzionasse.

Interromperla? Allora l'idea di un bambino era molto, molto lontana. Un'altra galassia. Ogni tanto, certo, giravano voci, nebulose leggende metropolitane, strane profezie, ovvero i primi Racconti di Fertilità. Tipo: pare che appena sospendi la pillola sia altissima la probabilità di rimanere incinta, anzi rischi i gemelli... O anche: certo che sarebbe stupido prendere la pillola per tutto questo tempo e poi scoprire di non poter avere figli. Giusto?

Giusto. E dire che, anni fa, quando ho deciso di buttare l'ultima scatola, mi è sembrato un momento epocale. Allora sì, proviamoci, è il momento perfetto, o forse non lo è, però tanto non c'è mai, brindiamoci sopra, stappiamo una bottiglia di champagne... La pillola era appena finita nella spazzatura, e già mi sembrava di essere incinta. Non sapevo ancora che sarei entrata, di lì a poco, nella fase ormoni numero due: dopo i farmaci per evitare un bambino, quelli (in dosi massicce) per propiziarne l'arrivo.

Lunedì. La settimana inizia con una delle mie perversioni preferite da Aspirante Madre: la lettura del giornale. Fin qui, niente di strano. Tutti leggono il giornale. Il lunedì, poi, persino gli allergici alla carta sfogliano *La Gazzetta dello Sport*.

Io, invece, ogni lunedì compro *la Repubblica*. Ma

quello che davvero mi interessa è l'inserto Economia. Lì, in prima pagina, c'è la mia rubrica cult: "La storia". Sono tutte, infatti, storie di donne in carriera (con microscopica foto dell'intervistata). Ho cominciato a leggerla anni fa per pura curiosità: mi piacciono i racconti in prima persona, le vite non illustri. Mi divertiva sapere che non c'ero solo io a rincorrere un lavoro strano dietro l'altro: c'era chi aveva fatto fortuna con un sito sui divorzi o con una società di badge elettronici, l'ex ragioniera che aveva fondato una multinazionale e l'ex segretaria che dirigeva una holding... Con il tempo mi sono resa conto che l'occhio mi cadeva sempre sull'età delle protagoniste. E sui figli: avuti o sognati.

Adesso guardo solo quello. Se l'intervistata ha 37 anni e dice: "Finora mi sono dedicata alla carriera, ora è il momento di metter su famiglia", tremo per lei (ecco un'altra Aspirante Madre); se ne ha 52 e parla diffusamente del suo labrador: "Ho scelto di non aver figli e sento di aver preso la decisione giusta per la mia vita", immagino chissà quali tragedie della sterilità; le Già Mamme, poi, mi fanno solo invidia... E, infine, ci sono le Mamme in Carriera, le più odiate, quelle che dicono: "Lavoro a Londra e sto allattando, ma non c'è problema: mando il latte alla baby-sitter via DHL", o che si fanno intervistare in clinica il giorno stesso del parto: "Ho appena avuto il mio secondo figlio, ma non c'è problema: da domani lo porterò con me in ufficio".

Nei momenti più tragici della mia Vita in Vitro ho provato a smettere: ma è stato come per un nicotina-dipendente rinunciare alle sigarette. Il lunedì compravo il *Cor-*

riere della Sera, poi in tram cercavo sempre di sbirciare sulla *Repubblica* della vicina. Così ho ricominciato.

Bip. Telefono. Per fortuna che a distrarmi dai miei pensieri (ossessivi) ci sono le amiche. Oddio, in quanto a distrazione, dipende... Questa, ad esempio, è Olivia. In diretta dalla sua postazione davanti all'agenzia di viaggi. In piena crisi pre-partenza. Mi investe parlando a duecento all'ora, come al solito. "Che cos'avevamo detto? Che era meglio che partissi con la barca a vela di soli single, oppure che andassi a Formentera con quella neoseparata che ho appena conosciuto? Stavo per confermare la barca, ma non sono più convinta. E se lasciassi perdere tutto? Magari spunta qualcosa di più interessante all'ultimo minuto..."

Panico. Da quando Olivia si è separata, la donna più decisa del mondo non riesce neanche a decidere come vestirsi al mattino. E chi chiama per la consulenza? La sottoscritta. Non che, a quanto pare, io risulti molto convincente. La conversazione "meglio-una-vacanza-o-l'altra" l'abbiamo fatta fino a ieri a mezzanotte. E, sinceramente, faccio fatica anch'io a ricordarmi che cos'avevamo deciso, mentre dormivo con il telefono in mano. Già, la vela.

"Barca", ordino, "entra e paga." Olivia tenta di persuadermi che non è la soluzione giusta. Insisto; cinque minuti di trattativa. La richiamo per sapere se ha agito davvero. "Pensa, la ragazza dell'agenzia stava per dar via il mio volo. Non capisco la fretta. E poi, che tono! Non si rende conto che sono separata?"

Il bello di Olivia è che con lei non ho tempo di preoccuparmi del mio stato di Aspirante Madre. Non solo appartiene alla categoria delle donne Io Di Più (sono più stanca, più sfortunata, più bisognosa), ma da quando è diventata una single di ritorno non perde occasione per ricordarmi com'è duro il "mondo là fuori". "Tu non capisci", è il suo rap. Ovvero: tu che sei (ancora) sposata, che ti ritrovi un marito ogni sera tra le lenzuola, non capisci com'è dura rimettersi su piazza, non capisci che maschi allucinanti ci sono "là fuori", non capisci quanto siano sfuggenti o noiosi gli uomini che incontri… "Tu non capisci cosa vuol dire separarsi alla nostra età". Una volta, solo una volta, ho cercato incautamente di puntualizzare: "Olivia, tu non sei separata. Voglio dire: non eravate sposati, ricordi? Vivevate insieme". Scenata. "Appunto, ancora peggio, non sono neanche mai stata sposata. Ti rendi conto che potrei morire senza essermi mai messa il vestito bianco?" Anche questa del vestito bianco è un'ossessione oliviesca: dubito che il prossimo compagno, seppur disposto a portarla velocemente all'altare, acconsenta all'idea di una quasi-quarantenne col velo. Glissiamo.

I miei problemi? Il figlio che non arriva? Bazzecole. "Tu almeno un marito ce l'hai", prosegue il rap Io Di Più. "Cosa dovrei dire io, allora? Non capisci che se mai incontrassi un altro uomo sposabile, ci mettessimo insieme, e riuscissi a convincerlo a fare un figlio sarei già decrepita?"

Ascolto e subisco: è il mio dovere di amica. Anche perché so che Io Di Più, quando si riavrà (se mai si riavrà), fatalmente rientrerà nell'altra fase: Io Di Più al

Quadrato. Ovverosia: la mia casa è più grande, le mie cene riescono meglio, ho avuto un (altro) aumento di stipendio, le mie scarpe sono più a punta e, ovviamente, le ho pagate Di Più. Non c'è cattiveria: sono gli incidenti di percorso dell'amicizia. C'è di buono che, almeno, Olivia è prevedibile: la conosco da quando si è seduta accanto a me al liceo. I B: Di Più di tutte le altre sezioni, ovviamente. E non sono ancora riuscita a scrollarmela di dosso.

Bip. Stavolta è il computer. Il laptop fa uno strano ronzio quando gli sembra che non stia lavorando abbastanza. E, in effetti, ci sono… quattro, no, cinque mail di anime in pena che si sono rivolte a www.sullettino.it. È questa la parte più divertente del mio lavoro: selezionare i casi interessanti, abbozzare una risposta, metterla on line a disposizione di tutti. E inviare una risposta privata, suggerendo un eventuale consulto "di persona" presso il centro… Il materiale non selezionato? Niente si butta, tutto si ricicla: finirà come "caso clinico" in uno dei manuali di self-help del Lettino.

Vediamo. E se scegliessi questa mail?

"Sono sposato da vent'anni e con mia moglie ho un ottimo rapporto. Tanto che sono riuscito a chiederle di mettere in atto una fantasia che avevo da tempo: quella di usare, per i nostri giochi erotici, del cellophane. Lei esitava, ma poi ha detto sì. Con grande soddisfazione di entrambi. Io però vorrei domandarvi: sono normale? E poi: è una perversione che alla lunga può fare del male?"

Cellophane? In che senso? Non sarà forse il signore dallo sguardo spermatico della tintoria all'angolo, che fa un uso improprio di tutta la plastica con cui avvolge gli abiti? O si tratta semplicemente di Domopak? Chissà, forse dovrei provarci anch'io. Metodo numero uno per aumentare le vostre speranze riproduttive: fatelo con il cellophane.

Rispondo, cercando di essere il più professionale possibile. Non c'è niente di pericoloso in una piccola perversione coniugale, questo è sicuro. Male non fa. Forse addirittura il cellophane potrebbe avere degli effetti snellenti; ma chiederlo all'allarmato sperimentatore, mi rendo conto, non sarebbe molto serio.

Sono arrivata a questo lavoro per caso, dopo una laurea mancata in lettere e un curriculum da freelance che occupa varie pagine. Cominciamo dall'inizio? Sono stata in una rivista di viaggi (che è fallita, dandomi prima la possibilità di esplorare parti di mondo dove peraltro non avevo mai desiderato andare). In una piccola agenzia di pierre con clienti improbabili (tipo la galleria che voleva lanciare Arte Takeaway, ovvero il noleggio di opere d'arte per arredare uffici e negozi; per una cena importante ti affittavano persino l'artista). Sono approdata poi a una minuscola casa editrice (bellissimo: facevamo biografie "su misura", peccato però che a me capitasse sempre l'ottantenne ex capitano d'industria che mi ammorbava con i suoi successi d'anteguerra). E a una web tv aziendale (variazione del giornalino aziendale di una grande banca: il mio principale successo è stata l'intervista al direttore, belloccio, dell'agenzia di Forlì, appena eletto Mister Sportello, il più desiderato dalle bancarie). Continuo?

Diciamo che a un certo punto ho incontrato, a una cena di amici di amici, il Grande Materassaio. C'era ancora l'onda lunga della New Economy, sembrava che tutti dovessero avere un sito, anche se non era chiaro per quale motivo. Il motivo gliel'ho fornito io, e sono stata molto convincente. Avevo voglia di stare a casa... Non sapevo ancora in che guaio mi sarei cacciata. Da Freelance Telematica mi sono trasformata in Casalinga Telematica, e non so ancora se sia stata la scelta più intelligente o la più stupida della mia vita.

Confesso: avevo delle visioni idilliache del mio Ritorno a Casa. Mattinate senza la sveglia, pomeriggi di lavoro ininterrotto lontano da capi o colleghi logorroici, lunghi weekend con laptop in valigia... Tempo per andare al cinema di pomeriggio, o a vedere una mostra a ora di pranzo, o per fare la spesa al mercato tutti i giorni.

Non avevo preso in considerazione il Richiamo della Lavatrice. Ovvero, il richiamo ipnotico della cesta della biancheria, che mentre stai creando al computer ti sussurra nell'orecchio: visto che sei a casa, potresti lavare le tende... Visto che sei a casa, potresti fare il cambio di stagione, per non ritrovarti con i cappotti ancora in armadio a giugno... Visto che sei a casa, potresti imparare a fare quella famosa torta di cioccolato e pere di cui conservi la ricetta da circa un decennio... Insomma, visto che sei a casa, perché non ti occupi della casa?

E così, eccomi qui. Nei giorni buoni, sono una donna felice. Nei giorni cattivi, quelli in cui esco abbruttita con l'impermeabile sopra il pigiama tanto per prendere un caffè e scambiare due parole con un essere umano, mi chiedo perché non dia forfait e ricominci a insultare autobus e colleghi. Ma poi mi ricordo: l'Operazione Bambino... È quello il mio vero lavoro. Riassumendo: c'è chi sta a casa *perché* aspetta un bambino, io ho deciso di stare a casa *ad* aspettare un bambino. La Lunga Attesa della Cicogna.

Cachemire. Parola magica che mi fa uscire dalla tana, anche se è il giugno più caldo della storia. Soprattutto se cachemire è associato alla parola saldi, come in questo caso. Una pierre molto simpatica (raro) che ho conosciuto nel mio undicesimo lavoro (o era il dodicesimo?) adesso si occupa di moda, e mi manda delle mail molto, molto invitanti quando ci sono le svendite in show room. Tradotto: quando gli abiti (i maglioni, le scarpe, i cappotti) indossati per le sfilate e i servizi fotografici ritornano in show room e possono essere opportunamente svenduti a poche fortunate. In genere redattrici di moda e dintorni.

Ci vado sempre, più che altro per divertimento: da tempo non entro in una taglia 40 (l'unica disponibile, a volte insieme con una striminzita 42). Ma sciarpe e scarpe vanno bene anche a chi è sovrappeso... E stavolta pare ci sia uno svuotamento di magazzino; il cachemire quindi è disponibile – miracolo – in tutte le taglie.

Arrivo tardi, quando il saccheggio è già cominciato. Signore. Finte Bionde e Vere Nevrotiche (ragazze, a dir la verità: ma a quanti anni scade la possibilità di chiamarsi ragazze?) si strappano di mano microscopici maglioni a collo alto ma senza maniche (no al mal di gola, sì alle braccia gelate), parka rifiniti di cachemire (e questi, dove mai si potrebbero indossare?) insieme con borsettine lavorate a maglia, sempre di cachemire (e se si sporcano?).

Mi piacerebbe tanto un vezzoso copri-boule, ovvero un copri-borsa dell'acqua calda, ma poi mi viene in mente che da quando ho acquisito un Consorte ho anche buttato via l'ultima che mi era rimasta (e che, peraltro, perdeva acqua). E se lo comprassi per Olivia? No, si offenderebbe. E se me lo regalassi comunque, per celebrare la mia nuova, riscoperta domesticità? Guardo il cartellino del prezzo (scontatissimo) e rinuncio. Il Consorte mi sembra un'alternativa più affettuosa ed è gratis. E poi ne ho abbastanza di fare la Casalinga Telematica: è ora che ricominci a uscire. Mi potrei invece dotare di qualche maglioncino attillato per il prossimo inverno.

Davanti allo specchio del camerino improvvisato ci sono già due Finte Bionde e Vere Nevrotiche: probabilmente madre e figlia. Anzi, madre e figlie (una era nascosta dietro scatoloni di cachemire). Mi sto baloccando con il mio solito Tormentone Shopping (compro qualcosa di attillato, e se per caso rimango incinta non lo potrò mettere; oppure compro qualcosa di largo e poco trendy, e se non rimango incinta non lo metterò lo stesso?), quando vengo disturbata dalle Finte Bionde. La figlia numero uno afferra un maglioncino attillato con la zip (proprio quello che avevo adocchiato io) e comincia a lamentarsi: "Mamma, guarda, è impossibile... Forse perché sto ancora allattando, ma non mi sta assolutamente, quanto ci vorrà ancora prima che ritorni alla mia solita taglia?" Intanto sporge bene il busto in fuori, così tutti possiamo ammirare la sua silhouette post-maman. Poi è il turno della figlia numero due, che cinguetta: "Mamma, guarda, mi sta benissimo, ma che senso ha prenderlo? Quest'inverno non lo potrò mettere, sarò una balena!" E intanto esibisce la pancia – inesistente –, così tutti possiamo ammirare la sua silhouette pré-maman. Mamma Finta Bionda guarda compiaciuta le sue creature e si prova (anche lei) un capo taglia 42. Inutile dire che (anche a lei) sta benissimo.

Mi sento improvvisamente scoraggiata. Non sono né pré-maman né post-maman, e ciononostante il maglioncino con la zip mi sta malissimo. In più, tutti questi discorsi di pance mi fanno, come al solito, venire le lacrime agli occhi, e mettersi a piangere in un camerino affollato di Finte Bionde in cachemire, con quaranta gradi, mi sembra una pessima idea.

Riporto indietro tutto il mio prezioso cachemire. Anzi, no: mi comprerò almeno una sciarpa, un'enorme morbidissima sciarpa, per piangerci dentro quest'inverno. La sciarpa, grazie al cielo, se ne fa un baffo della maternità. Anzi, voglio esagerare: me ne comprerò una enorme, un vero e proprio plaid in cui avvolgermi nelle lunghe serate invernali sulla poltrona, per scaldare le mie tristezze di Aspirante Madre. Per esempio questa, color cioccolata... Velocissima, Finta Bionda Uno (o

Due, non sono sicura) me la strappa di mano dicendo: "Mamma, guarda, questa è perfetta come copertina per la culla!"

Me ne vado, indignata. Non ci si può più fidare neanche del cachemire.

2

La prima visita: non sei incinta? Non ci pensare!

All'inizio c'è solo l'euforia del sesso libero, ma senza anticoncezionali. Sesso carico di aspettative e quasi mistico (e se accadesse oggi, proprio oggi? E se fosse appena accaduto?). Poi comincia l'agitazione. Com'è possibile? Mi sono arrivate ancora le mestruazioni! Ma non sarei dovuta rimanere incinta subito? E se ci fosse qualcosa che non funziona?

Improvvisamente mi rendo conto che anni di pillola hanno cancellato i (pochi) rudimenti di biologia femminile. Allora, quand'è esattamente il periodo fertile? Mi vergogno a chiederlo: vorrei avere sottomano quel manuale che avevo letto avidamente a 16 anni. Non lo trovo, ricorro a Internet. Ripasso di biologia: dunque, i giorni fertili sono, in un ciclo di ventotto giorni, intorno al quattordicesimo... Diciamo dal decimo in avanti. Quindi devo riprendere a tener nota del ciclo. Già, e il mio quanto dura esattamente? Ventotto giorni o trenta? Regolare? Ecco allora che ricomincio a segnare la data fatidica della mestruazione, con un piccolo simbo-

lo, sull'agendina (chi ne aveva più bisogno, con la pillola?).

Chiedo un appuntamento alla ginecologa. Risultato: una lavata di capo. Come? Lei decide di avere rapporti non protetti senza fare prima degli esami? È un'incosciente! Ed ecco qui: due fogli di esami del sangue, Hiv compreso, epatite, rosolia... Ma se non sono incinta! vorrei protestare. Comunque obbedisco. Saranno i primi di una lunga serie. Io, però, non lo so ancora.

Torno, esami in mano. Nel frattempo, non è successo niente. È normale, ripete la ginecologa, lei non si deve preoccupare, il corpo non funziona certo a comando. E poi, dopo tutti questi anni di pillola (ma come, non avevamo detto che la pillola non faceva assolutamente niente?). Si tranquillizzi, si prenda una vacanza, non ci pensi.

Non è incinta? Non ci pensi!

Ecco che comincia il mantra. Vorrei sapere com'è possibile non pensare a qualcosa che permea tutte le tue giornate; com'è possibile bloccare il desiderio, lo struggimento che pian piano vela e orienta ogni tua decisione. È come un magnete che cambia posizione, impercettibilmente, alla tua vita.

Un viaggio? Impossibile programmarlo: e se rimanessi incinta? Certo, non posso rinunciare a tutto... Meglio allora una vacanza al mare, tranquilla, col rischio che poi mi deprima a vedere le mamme coi bambini in spiaggia. O, peggio ancora, le future mamme con bikini e pancia.

Già, la pancia. Chiariamolo subito, a scanso di equivo-

ci: odio le pance. Le pance in vista, le pance al settimo mese, tutte le pance che non sono la mia. Che, per di più, non è certo un modello ultrapiatto. Perché tanta ostentazione? Dove sono finiti quei bei vestiti pré-maman *di una volta? Dov'è finito il pudore? Ora tutte le Mamme in Passerella, anche quelle decisamente sovrappeso, si mettono ostinatamente magliettine fascianti, abitini di due taglie in meno, magari una sciarpa a sottolineare... la pancia. L'estate poi è il momento che odio di più. È il trionfo delle pance en plein air, delle pance in spiaggia, delle pance "al fresco". Il tutto complicato dal fatto che ormai l'Ombelico Generation va dai 15 anni ai 45, e l'imperativo è assoluto: fuori la pancia, che sia in attesa o meno. Così io mi ritrovo a camminare per strada, andare al bar, salire in metropolitana, mentre il mio sguardo "scannerizza" automaticamente e perversamente tutte le pance avvistate: questa sì, questa no, questa forse...*

Anna, la mia amica Già Mamma (anche lei reduce della I B), sostiene che sono un'ossessiva (vero), e che comunque le pance-incinte si riconoscono subito: la pelle è tesa, l'aspetto solido... Sarà. Io però continuo a scannerizzare e a disperarmi. Copritevi!

"L'hai fatto ancora", sibila Anna. L'ho fatto ancora, è vero: sto fissando ad altezza ombelico una sconosciuta per cercare di capire il risultato del suo test di gravidanza. "E smettila, te lo dico io: non è incinta."

Qui, per fortuna, di Mamme in Passerella ce ne sono poche. Siamo nel giardino del design hotel di Olivia (anzi: *boutique hotel*, come ci corregge infastidita lei). Ovvero, l'albergo di cui è direttrice. Motivo ufficiale: siamo qui a vedere come va il suo aperitivo-evento. Motivo ufficioso: ci deve parlare.

E, a proposito della Separata dell'Anno, non capisco come faccia a non trovare un fidanzato: qui è pieno di uomini. Vorrei comunicare questa perplessità ad Anna, ma visto che lei non ha il dono della lettura del pensiero, rinuncio. Parlare è impossibile. La musica è a livelli intollerabili e poi conosco già la sua risposta: "Certo che ormai tu sei brava solo a individuare pance. Dimmi un po', dove sarebbero secondo te gli eventuali mariti, qui?"

Ha ragione: forse il materiale maschile è più, come dire, baciabile che sposabile. E comunque anche i baciabili scarseggiano. Gli uomini presenti hanno tutti un'aria così seria (nel senso di: *quanto mi prendo sul serio...*). Gli unici sorridenti mi sembrano i camerieri. Probabilmente ridono all'idea di quello che stanno offrendo, ovvero dei vassoi pieni di... cucchiaini, i quali a loro volta contengono mousse dai colori fluo (sarà trendy, ma possibile che agli aperitivi di Olivia ci sia sempre così poco da mangiare?). Aspetto che Anna (l'esperta di cucina) ne assaggi uno e mi dica se è commestibile. Sceglie una crema bianca a onde rosa, stile dentifricio anni Settanta. Annusa. Assaggia. "Capriolo con salmone", sentenzia. Depongo il mio cucchiaino. Va bene tutto, ma l'abbinata capriolo con salmone – e dentro un cucchiaino da caffè, poi – no. Uscirò di qui affamata, come al solito.

Ritorno alla mia esplorazione fauna. Sono quasi tutti in piedi: eccola, la popolazione dell'happy hour in piena azione. E il panorama maschile è, confermo, abbastanza sconfortante. La divisa è: camicia appena sbottonata, cravatta nel taschino della giacca, aria trafelata (della serie sono-appena-uscito-dalla-riunione), abbronzatura da weekend perenne, sguardo svogliato in cerca di veline. Insomma, il vero Uomo Executive, quello che anche se lavora per Fratelli Giannetti Rubinetteria, sul biglietto da visita fa scrivere CEO. Ovvero: *Chief Executive Officer* (e probabilmente non sa neanche come pronunciarlo).

E poi c'è il problema dell'età: la popolazione dell'happy hour non raggiunge i 35 anni. Troppo giovani per noi della I B... Insomma, possibilità zero. Olly non troverà mai marito a un aperitivo.

"Certo che forse avremmo fatto bene a non dirglielo..." butta lì Anna.

Lo sapevo, si ritorna sempre al punto cruciale. Alla separazione di Olivia. Il fatto è che, in tempi ormai remoti, quelli della I B, avevamo giurato che, se una di noi avesse mai visto/saputo/scoperto che un fidanzato tradiva un'amica, gliel'avrebbe detto. Lo so, lo so. Adesso, con tutta l'esperienza che mi deriva non tanto dalla vita, quanto da www.sullettino.it, posso garantirvi che è una cretinata.

Ma allora ci credevamo. E così, secoli dopo, quando Anna mi ha confermato di aver visto (più volte!) il compagno di Olivia, ufficialmente a portar fuori il cane, in realtà mano nella mano con sconosciuta-trentenne-scarpe-a-stiletto, abbiamo deciso (ho deciso) che le andava detto. Allora abbiamo alluso, insinuato... "E lui se n'è andato portandosi via Arcibaldo", sospira Annetta per l'ennesima volta. Non rimpiange il fidanzato, di cui si ricorda a malapena il nome, ma il cane sì. Non paga di marito e due figlie (una sua, una acquisita) da anni vorrebbe allargare la famiglia con un cucciolo.

"Sei matta: Olivia il cane non lo sopportava, e aveva ragione. Non è stato forse portandolo fuori che lui ha conosciuto Scarpe-a-stiletto? Anzi, guarda, secondo me è stato proprio Arcibaldo: è lui il colpevole. Ha fiutato una padrona con cane compatibile. Be', almeno adesso non dobbiamo sorbirci i weekend alternati con lo stupido bassotto..." Olivia, dopo aver buttato il fedifrago fuori di casa, ci aveva provato; aveva proposto l'affido alternato: "Così forse lui capisce che potremmo tornare insieme, per il bene della famiglia". Famiglia? Ma poi lei e Arcibaldo non sapevano che dirsi, e ha – per fortuna – rapidamente rinunciato.

Eccola che arriva. Da quando è stata lasciata per Scarpe-a-stiletto si è comprata un intero armadio di tacchi alti, ma non ha ancora imparato a camminarci. Si siede, ondeggiando. "Ho avuto un'idea", annuncia. Tremo: "Non avrai disdetto la barca a vela?"

"Macché, macché. Tranquilla. Quello è deciso. No, ho avuto un'idea che, sento, mi cambierà la vita. Meglio di una psicoterapia. Dunque: ho pensato di rintracciare, uno per uno, tutti i miei ex fidanzati, dargli appuntamento, vedere cosa ne è successo, se sono felici... No, è inutile che tu faccia quelle smorfie."

"Invece di un uomo nuovo, uno vecchio?"

"Ma no, è come un'indagine di mercato. Rivedendoli, capirò qualcosa in più su di me. Sugli errori che ho fatto, quelli che avrei potuto evitare eccetera. Vedrai, funziona. Anzi, se funziona potresti rivendere l'idea sul tuo sito."

Risatine delle due simpaticone. Il "mio" sito è un argomento di immancabile divertimento per loro. Però l'idea di Olivia non è male davvero: Riaggancia il Tuo Ex. Chissà se ha davvero qualche psicoeffetto che potrei brevettare.

"Ho già fatto una lista dei fidanzati storici, quelli che mi sembrano più interessanti da ripescare. Devo averla qui in tasca..."

Una lista... Certo, Olly è la donna delle liste. È da quando si è separata che non ne stilava più una, quindi immagino che debba essere considerato un buon segno. È il suo modo per affrontare il mondo, per tenere tutto sotto controllo.

E niente di banale come la lista della spesa. No, Olivia è specializzata in liste tematiche. Sul lavoro: lista degli impegni urgenti, di quelli noiosi, di quelli da diluire nella settimana; lista di clienti da contattare, di mail da scrivere, di telefonate da fare. A casa: lista per la colf, lista delle commissioni (tintoria & C.), lista per il supermercato, lista delle cene della settimana. Più a lungo termine: lista dei libri che vuole leggere, dei film imperdibili e di quelli da Blockbuster, di cosmetici da provare. Una volta l'ho persino vista fare una lista delle Cose da Dire a Lui (spero non lo faccia anche con noi). Il tutto viene quotidianamente riassunto nella Lista del Giorno, un mix delle cose più urgenti, appiccicata sull'agenda di Olivia; da cui lei, con grande soddisfazione, cancella man mano con una riga quello che ha già fatto.

Il momento più bello, mi ripete con aria di beatitudine, è arrivare a sera e vedere il foglio tutto cancellato. E – temo – non bara mai.

Ogni tanto cerca di convertire le amiche alla sua filosofia di vita. Quando Anna ha partorito, è andata in clinica con un regalo secondo lei meraviglioso: un manuale americano, con tanto di disegnini semispiritosi, con le liste delle cose più importanti che ogni mamma dovrebbe sapere. E fare. Credo che Anna non sappia neanche dov'è finito, nel caos cosmico di casa sua.

Confesso: io, invece, l'ho trovato un regalo carino. Ho sempre pensato di dire ad Anna di prestarmelo; potrei sfogliarlo, ogni tanto, per farmi del male.

Mentre dibattiamo la lista di Olly, le guardo: le mie due amiche. C'è una strana legge per cui le Donne Piccole (e Morbide), categoria alla quale sono fiera di appartenere, diventano fatalmente amiche di Donne Alte (e Magre). Dev'essere per evitare di litigare scambiandosi i vestiti, o strapparsi di mano l'ultimo paio di pantaloni in saldo. Nessun problema di shopping per noi tre. Anche perché ognuna di noi pensa (privatamente) che, se solo avesse mano libera, potrebbe velocemente migliorare il guardaroba dell'altra. Olly è alta, la più alta del gruppo: nei giorni buoni assomiglia (vagamente, certo) a Cameron Diaz, compreso il sorriso permanente. Nei giorni cattivi (ultimamente sette su sette) assomiglia a Cameron Diaz con un brutto taglio di capelli, passata attraverso una centrifuga. E con un paio di scarpe sbagliate, come abbiamo più volte tentato di dirle.

Annetta? Assomiglia (anche lei molto, molto vagamente) a Julianne Moore. Ovvero: una Julianne Moore mamma radiosa e felice, ma senza personal trainer. Dopo la maternità, infatti, Anna ha imboccato la pericolosa strada della taglia 46 ("Questo solo perché sono alta", sostiene). E quando è di buon umore il suo sport preferito è entrare in qualche negozio *prestige* e litigare con le commesse perché non tengono niente sopra la 44. Io non l'accompagno più e, se per caso non riesco a scappare, faccio finta di non conoscerla. L'ultima volta, però, Anna è riuscita ad additarmi alla commessa dicendo: "E la signora, ad esempio, che cosa porta secondo lei? Una 42? Vuole che glielo chiediamo?" Io intanto cercavo di nascondermi dentro a un camerino.

E io? Una decina d'anni fa ero convinta di assomigliare molto a Emma Thompson (a parte il nome, niente in comune, neppure il colore dei capelli). Ma mi sentivo, non so come dire, molto Emma. Mi stava simpatica: una donna libera, intelligente, bellissima con tutti quei vestiti romantici e così british, con un marito degno di questo nome... Quando lei e Kenneth Branagh si sono lasciati, l'ho preso come un affronto personale. Non sopporto quando le coppie simpatiche si lasciano. E sono sempre quelle che finiscono dall'avvocato. Mai che divorzino le coppie infrequentabili, dove lui, così simpatico, si è sposato una gatta morta che vorresti schiaffeggiare appena apre bocca; o dove lei, l'affettuosa del gruppo, ha sposato l'uomo più noioso della Terra...

Ma sto divagando. Allora, a chi assomiglio? Diciamo che, forse, assomiglio ancora a Emma Thompson. A un'idea romantica di Emma Thompson. Vale lo stesso?

"Scusa, potresti far finta di partecipare alla conversazione?"

Aha. Mi ero distratta. Conoscendo Olly, dobbiamo essere passate al secondo argomento sulla sua lista: dopo l'approvazione dell'Operazione Ex, starà aspettando il commento sul suo aperitivo. Tento disperatamente di trovare qualcosa di intelligente da dire, che non sia: "La musica dev'essere sempre per forza così alta?"

"Un po' osé il capriolo con salmone, ma non era male l'idea di metterlo dentro un cucchiaino."

Devo aver detto qualcosa di sbagliato.

"Ti riferisci al mio *spoon food*? Perché, se stai parlando di quello, era *caprino* con salmone. E, in ogni caso, stavamo parlando di ex, o ci avevi già lasciato?"

Anna, l'esperta di cucina, sta ridendo (con lei farò i conti dopo). Cerco di applicarmi ancora all'argomento ex, anche se ormai la fame e la tequila mi stanno scavando un buco nello stomaco. Tento di nuovo una faccia intelligente. Com'è difficile essere amica di una single di ritorno. Una specie di punizione per tutti i miei misfatti romantici.

Però lo *spoon food* mi è piaciuto.

Potrei preparare un'intera cena per due senza forchette: mousse salate, e dolci... Da qualche parte devo avere ancora un set di cucchiaini a forma di cuore, uno dei sopravvissuti regali di matrimonio che non sono ancora riuscita a riciclare. È la prima cosa che cerco tornando a casa. L'Armadio del Riciclo è una delle invenzioni domestiche che più mi rendono orgogliosa. Il problema è che non so con chi vantarmene: perché, essendo il nascondiglio in cui archivio tutti i regali che non userò mai e che intendo opportunamente riciclare, è ovvio che nessuno deve esserne a conoscenza. E per nessuno intendo soprattutto Anna e Olivia (anche se penso che abbiano i loro sospetti). Qui ci sono stratificazioni di regali sbagliati, ere geologiche di shopping demenziale o semplicemente superfluo. Lenzuola con orsi polari, saponi al patchouli anni Settanta, macchine per fare il cappuccino, pigiami con fiocchettini rosa, pantofole a forma di animale, teiere a casetta, una sedia in miniatura che è un reggicellulare (utilissimo, visto che io non ho il cellulare), portacenere d'argento (qui nessuno fuma), libri che non leggerò mai (alcuni, ho scoperto, a loro volta riciclati: con dedica colpevole in prima pagina)... E, sono sicura, in fondo alla collezione ci devono essere ancora i cucchiaini a forma di cuore.

Trovati. Con biglietto annesso. Il biglietto è fondamentale per essere sicuri di non far ritornare il regalo al donatore. E per non fare gaffe. Già: per quanto le mie amiche possano condannare la pratica del riciclo (mi toglierebbero il saluto se sapessero dell'esistenza dell'Armadio), a me dà grande soddisfazione trovare la destinazione giusta per l'oggetto giusto. Anche dieci anni dopo. È come, non so, mettere a posto un tassello di puzzle: è un ordine cosmico. Esattamente il contrario dello *space clearing* così amato da Olly, che ogni tanto mi piomba a casa e mi dice che devo *buttare*. Ma buttare dove? Io odio buttare. Le cose vanno tenute finché trovano la loro strada. Basta avere la pazienza di aspettare, e nasconderle nell'Armadio.

Il matrimonio, ovviamente, è stato un ottimo punto di partenza per il mio Armadio del Riciclo. Non solo. Mi ero preparata a ricevere, come si favoleggia, tostapane in triplice o quadruplice copia, e soprattutto decine di cornici d'argento per fotografie, il dono preferito di chi non sa cosa regalare.

Già mi vedevo, nella mia nuova vita di Finalmente Sposa, disporre foto mie, dei nonni e dei futuri bambini. Tutte incorniciate d'argento. Stabilità e tradizione. Ebbene: non ne ho ricevuto neanche una. Zero. Uno scandalo. Alla fine, sei mesi dopo le nozze, quand'era chiaro che anche i regali più tardivi erano arrivati, sono andata a comprarmene una. Per la foto del matrimonio. Quella per i bambini meno male che non l'ho comprata: sarebbe rimasta sconsolatamente vuota.

Accanto ai cucchiaini sopravvissuti, ecco una confezione di profumo aperta e poi richiusa. Me n'ero dimenticata. Questo è un autoriciclo: un profumo che avevo comprato al Consorte, prima che diventasse consorte, e prima di capire che regalargli un'eau de toilette era come regalare a me un telefonino. Inutile.

Già. Perché, dopo che mia madre mi ha ripetuto per tutta la vita: "Non sposare mai un ingegnere" (e sapeva cosa diceva visto che di ingegneri ce n'erano due in famiglia, lei e mio padre), ho seguito come al solito i suoi consigli. E cioè, ho sposato un ingegnere. Con una perversione nascosta: i profumi (ma questo l'ho capito solo molto, molto dopo).

Al Consorte, infatti, piacciono i profumi: ma solo i profumi che gli piacciono. È una specie di talebano degli aromi, e basta un'occhiata al nostro bagno per rendersene conto.

C'è uno scaffale di profumi da uomo (scelti da lui: tutti inglesi, per carità), e un unico profumo da donna (il mio, scelto da lui). In più, c'è un'intera collezione di oli da bruciare (i "profumi della casa", come li chiama lui), vere e proprie nuvole tossiche che vanno dall'eucalipto all'ylang ylang. L'azione aromatica del Consorte si estende anche ai saponi, e visto che c'è stato un *upgrading* immediato rispetto alla refurtiva dei bagni d'albergo dei miei anni da single, all'inizio ero contenta.

Un po' meno contenta quando mi sono resa conto che appena il sapone integrale, al puro olio d'oliva o arricchito con polvere di minerali, si riduce a una scaglia, viene fatto scomparire improvvisamente, e sostituito.

Questa lotta senza pietà contro la scaglia residua mi immalinconisce. Nei miei anni da single io conservavo religiosamente tutti gli avanzi in una ciotola, non sapendo bene che farne (speravo di trovare prima o poi qualche segreto domestico per riciclarli, tipo "usali per far tornare nuove le tue scarpe"), ma è stata la prima cosa spazzata via dall'arrivo in casa del Consorte. Ogni tanto ripenso con rammarico al triste Eccidio dei Saponi, a quella collezione di scaglie antiche con appena una patina sopra (come facevo, del resto, a spolverarle?)... Ancora adesso, a dir la verità, mi interrogo su come si comportino al riguardo le Casalinghe Perfette, ed è la prima cosa che controllo quando entro nei bagni altrui. Ma ci sono sempre e solo meraviglie appena scartate, oppure quei dispenser di sapone liquido che il Consorte non userebbe neanche sotto tortura (e, confesso, ormai non piacciono più neppure a me).

Il punto è che le amiche non capiscono. Che fortunata, mi dicono. Vorrei che provassero loro a vivere con un uomo che a ogni olezzo arriccia il naso e dice: che nota senti? Lo senti il sandalo? Lo senti il pepe nero? E questo a prescindere dal fatto che stiate camminando in una brughiera irlandese, o in una via di semiperiferia. La situazione è peggiorata quando, tempo fa, il Consorte ha deciso di iscriversi a dei corsi per "nasi". Motivazione? "Per imparare a comporre il tuo profumo personale, quello che creerò per te", mi aveva detto (bugiardo).

Per mesi abbiamo vissuto come dentro una distilleria, e senza alcun risultato da sfoggiare con le amiche ("Questo? Ma certo, è il mio profumo, Emma Toujours, fatto esclusivamente per me..."). È un po' come vivere con un aspirante sommelier (sono centinaia di migliaia, ormai, gli uomini che si vantano di saper riconoscere la pipì di gatto o la noce moscata dentro un Traminer). Ma, almeno, con gli aspiranti vignaioli si beve. Con i talebani dei profumi si annusa e basta. E peggio per voi se non sapete riconoscere "i legni": vi interrogherà fino allo sfinimento.

Il profumo sopravvissuto nell'Armadio del Riciclo risaliva ai tempi ignari del corteggiamento. Era un mio regalo. L'allora Non Consorte aprì il pacchetto, fece un sorriso di circostanza, e lo dimenticò immediatamente sul tavolo del ristorante (e io, illusa, pensavo che fosse per l'emozione dell'imminente dopo-serata). Avrei dovuto capire subito che cosa mi aspettava.

3

High-tech casalingo: il computer-fertilità

Non c'è niente da fare: le mestruazioni si ripresentano ogni mese, con una puntualità davvero fastidiosa. Comincio a odiare quel simbolino sull'agenda, lo faccio piccolo piccolo, in alto a destra, in basso a sinistra; disegno una croce, una stella, poi un asterisco e alla fine, dalla rabbia, vorrei scarabocchiare tutta la pagina. Che fare? La ginecologa è stata inflessibile: nessun esame, è tutto a posto, stia tranquilla e non ci pensi. Ne riparliamo tra sei mesi, se ancora non è successo niente. Ma io voglio far succedere qualcosa!

Così entro in possesso del mio primo gadget per la fertilità high-tech. Ovvero: un "computerino", che ufficialmente dovrebbe essere un metodo di contraccezione naturale (segnala con una luce rossa i giorni fertili, quelli in cui non ci si dovrebbe neanche avvicinare al consorte), ma in realtà è usato clandestinamente dalle Aspiranti Madri allo start.

Quello che mi ha convinto, stavolta, è la pubblicità indiretta, il passaparola all'incontrario. Siamo a cena con degli amici, fieri neogenitori. E lei, in cucina, mi raccon-

ta: "Sai, non volevamo adesso un bambino, è capitato proprio per caso. Avevo smesso la pillola perché mi fa male, ed ero passata al computerino; era il primo giorno a luci rosse, e ho pensato, se è il primo giorno non ci sono ancora rischi, e invece come vedi sono rimasta incinta..." Ride, orgogliosa della sua fertilità prorompente. Io sono quasi imbarazzata dalla confidenza; sarà la terza volta che ci vediamo, non è un po' presto per raccontarmi dettagli da camera da letto? Ma intanto registro: computerino.

Il giorno dopo decido. È ora di provare con la fertilità high-tech. Il computerino, in realtà, mi è già arrivato: www.sullettino.it attira tutti i numerosi gadget della sessualità del nuovo millennio. Case farmaceutiche e spericolati faccendieri dell'eros mandano pacchi dono che mi forniscono argomento di conversazione con le amiche per almeno una settimana: Viagra veri ed "ecologici", vibratori "design" e pillole di "nuova generazione" (queste le cestino subito), persino un fantastico apparecchio per stimolare il clitoride ("stimola il flusso sanguigno", ovvero funziona con dei micropizzicotti in zona, e costa "solo" quattrocento dollari). No, in genere non sperimento: guardo e ammiro. Il mitico computerino, però, spedito durante il lancio promozionale, l'avevo tenuto da parte.

Ecco, allora, il momento è arrivato. Sarà questo fantastico ritrovato a segnare la svolta e ad attirare la cicogna? Apro, un po' emozionata, il pacco... Ma dentro la scatola ci sono solo caramelle e una cartella stampa. Qualche diabolica idea di una pierre in vena di creatività. E le caramelle, fra l'altro, sono immangiabili: sono lì da qualche mese e con il caldo si sono tutte appiccicate.

Non c'è niente da fare: pagherò. Vado dalla farmacista sotto casa (non so ancora che, nella mia Vita in Vitro, entrerò più spesso da lei che in panetteria). Ed eccomi fiera proprietaria di un piccolo aggeggio bianco un po' più grande di un computer palmare. High-tech ma non troppo. Per un mese dovrò fare pipì su degli stick, inserirli dentro il computer, che immagazzinerà i dati, e dal mese successivo mi comunicherà, ogni giorno, luce verde o rossa... Tutto qui? Speravo qualcosa di più avveniristico. Non so, qualche parola di incoraggiamento, qualche frase augurale o divinatoria, una specie di Pizia formato casalingo... Oppure qualcosa di spiritoso, tipo: "Ehi, baby, oggi è la tua giornata fortunata; stacca il telefono e via, al lavoro sotto le lenzuola". Ma niente da fare: continuo a far pipì, nelle grigie mattine milanesi, su quegli stupidi stick, e ad affrontare quelle lucette a intermittenza, tipo decorazioni sbagliate di Natale. Rosso, verde, rosso, verde...

Dopo sei mesi il computerino finisce nella spazzatura e io sono punto e a capo.

"È nata." È Anna, al telefono, a richiamarmi ai miei doveri di amica e a uno dei momenti più strazianti per le Aspiranti Madri: la missione suicida al reparto maternità. Ha un bel ripetermi che "non c'è bisogno che tu vada".

Un'amica si aspetta che tu sia presente al suo matrimonio anche se ti sei appena separata, e che incolli il naso sul vetro della nursery anche se ti hanno appena detto che hai le tube chiuse. Un'amica se lo aspetta: è la legge.

È Annetta la mia provvidenziale accompagnatrice in queste missioni suicide, ed è l'unica mamma che non sono andata a trovare in clinica: me l'aveva fatto giurare il giorno prima del parto (eppure avevo pronto il regalo, e non era un riciclo...).

Da allora, in spedizione andiamo in tre. Io, lei e sua figlia (in passeggino). Le missioni suicide, infatti, dopo un breve momento di pausa sono ricominciate. Dato che gli anni passano e non solo per le Aspiranti Madri, ma anche per le produttive genitrici, ora si comincia con il secondo giro di visite in ospedale: a fratellini e sorelline di bambini per i quali ho già pianto, a suo tempo, tutte le mie lacrime. Non che il raddoppio annacqui la mia disperazione. Il punto è che a me i neonati piacciono proprio. Mi piacciono quei visi increspati e corrucciati; i pugni stretti, i capelli da pulcino punk. Mi piacciono quando sono ancora offesi all'idea di essere planati sulla Terra; quando ancora non parlano, non comunicano, non ti vedono neppure. Quando non hanno ancora gli occhi del padre, il sorriso della madre. Quando sono ancora carta bianca, plastilina in movimento. È lì che mi dispero all'idea che forse non ne terrò mai in braccio uno mio, "fatto" da me.

In braccio. Ecco, questo è uno dei momenti più temuti dell'intera missione suicida. Quando i fieri genitori insistono: non lo vuoi proprio prendere in braccio? Non vuoi *proprio* accarezzare un tale capolavoro che, ricordati bene, non è tuo ma mio? All'inizio rifiutavo. Poi ho cominciato a pensare che forse non volevo tenerli in braccio perché tendevo, inconsciamente, a rifiutare la mia parte materna; dovevo liberarla, dovevo provarci (sì, lo so, sono gli effetti collaterali di www.sullettino.it). Infine, sono ritornata sulle mie posizioni: no, non voglio tenerlo in braccio, punto.

L'unica eccezione è stata la figlia di Anna, e non solo perché era davvero bella, ma anche perché la neomamma, dopo averla ceduta una volta, la guardava a vista: "Ti sei lavata le mani? Devi proprio svegliarla adesso che si è addormentata?" Finché mi ha confessato, con un filo di imbarazzo: "Non so cosa mi succeda, ma non voglio che *nessuno* la prenda in braccio. Nessuno, te compresa. Me la *stropicciate*".

Anna mi aspetta davanti all'entrata della clinica, e stavolta è senza passeggino. "Sorpresa: la suocera più latitante del mondo si è concessa. Via libera per il nostro programmino sushi+cinema."

Sollievo. L'unica cosa davvero in grado di consolarmi dopo una missione suicida nel reparto maternità (a parte un test di gravidanza positivo) è il sushi. Cibo consolatorio per eccellenza, soprattutto se in uno di quei ristoranti con tapis roulant, dove i piattini con *maki* e california rolls ti passano sotto il naso e puoi afferrarli al volo. E soprattutto se in compagnia di Anna, capace di concedersi – come me – un numero scandaloso di porzioni senza provare neanche un filo di imbarazzo. Il fatto è che il sushi rende voraci; bisogna abboffarsi di consolazione, perché l'effetto sia assicurato. Tanto, basta non guardare il conto e porgere a occhi chiusi la carta di credito. E poi, non so se rendo l'idea, è dietetico! Niente grassi, niente fritti, pesce crudo e riso...

È con visioni di sushi davanti agli occhi che varco la soglia della clinica. Anna è inquisitoria: "Ce l'hai il Rescue Remedy? L'hai già preso? Dai, una goccia in più ti fa solo bene. Coraggio". Ci siamo. Ecco i mazzi di fiori fuori dalle stanze, i fiocchi col nome del bambino ricamato a punto croce, i pannolini a forma di torta... I pannolini a forma di torta? "Carino, vero? L'ha fatto la nostra baby-sitter, insieme al piccolo Junior: li ha incollati lui, con il nastro adesivo. Il suo primo regalo per la sorellina." Sorvoliamo sulla torta-pannolini, che è già abbastanza imbarazzante. Ma chiamare il proprio figlio Junior, solo perché gli hai dato lo stesso nome del padre? È proprio vero che ci sono donne che non conoscono la vergogna.

"Ecco, vi presento la piccola Viola", declama intanto la neomamma con un sorriso beato. Vedo con la coda dell'occhio che Anna fa una smorfia: non sopporta che *esista* al mondo un'altra bambina che si chiami Viola, come la "sua" Viola. E detesta che io glielo faccia notare. Iniziano i ragguagli da-mamma-a-mamma su episiotomie varie, che ascolto anch'io con aria serissima, finché la puerpera ingiunge: "Ma voi, piuttosto. Raccontatemi qualcosa sul mondo di fuori. Cos'è successo di bello?"

Raccontarti qualcosa sul mondo di fuori? Per carità, che richiesta... Sento che, nonostante i litri di Rescue Remedy, mi metterò a piangere direttamente sulla culla. Non voglio raccontare niente sul mondo di fuori, raccontami invece tu qualcosa sul mondo di dentro. Dimmi cosa si prova a mettersi quella camicia da notte che hai preparato apposta per l'ospedale, come ci si sente a tirar fuori quei camicini minuscoli, quelle copertine ricamate che mi fanno sempre venire le lacrime agli occhi; dimmi com'è aver creato una vita e guardarla nella culla accanto. Aver pensato un nome e vederlo riflesso negli occhi di tua figlia, di tuo figlio. Tenere in mano uno di quei minuscoli piedi e affondare il naso nell'odore di bambino, di bambino nuovo, del tuo bambino. Com'è?

Annetta parla, parla e mi guarda nervosamente. "Adesso dobbiamo proprio andare, non vogliamo stancarti..." Ed ecco, la neomamma di Viola (la *falsa* Viola) sta per pronunciare la temuta frase, la vedo, gliela leggo sulle labbra... "Ma non vuoi prenderla in braccio?"

"Pensavo che stessi per avere una crisi isterica davanti alla culla", mi accusa Anna mentre ci sediamo al "nostro" sushi bar. "Non so proprio perché ti ostini a venire. Alle neomamme cosa vuoi che importi della tua visita... Quand'è che lo capirai? Non sarei andata neppure io se non mi sentissi sempre in obbligo di accompagnarti. Ma prima o poi dovrai convincerti che ti fa male!" Afferro il primo piattino: mmh, uova di salmone. Squisito. Mi sento già meglio.

"Ma adesso parliamo di cose serie", continua. "Scarpe. Hai presente quelle infradito di Prada con i fiori applicati? Non ci crederai, l'altro giorno al mercato..." Anna adora le scarpe. Conosce tutti gli outlet, le bancarelle "giuste" ai mercatini, il giorno esatto in cui cominciano i saldi nei suoi negozi preferiti. Adora e spende. Anche perché, sostiene, da quando è rimasta incinta metà del suo guardaroba è rimasto inutilizzabile (e ormai sono passati quasi due anni). Così, ha un motivo di più per perseverare nella sua ossessione. Dato che non compra abiti, compra scarpe. Ne ha sempre un paio di riserva in macchina (come Melanie Griffith in *Donne in carriera*, puntualizza, fiera, ogni volta). E, sul lavoro, due o tre di scorta.

Il lavoro. Questo è il vero argomento "serio" per Anna, che arriva, puntuale, una volta finito il bollettino shopping. Dopo la laurea è approdata – anche lei – a un lavoro alquanto improbabile, solo che almeno il suo ha un nome: *home economist*. Niente a che vedere con la finanza. L'*home economist* è l'apprendista strega che cucina e "trucca" i cibi per la pubblicità e i giornali: così la mousse sembra più allettante, la pasta ha l'aria appena scolata, la torta croccante. Un po' di make-up che rende i piatti più invitanti per l'obiettivo del fotografo (e quindi, come mi è stato precisato, immangiabili). Anna lavora per una piccola agenzia di servizi gastronomici, la Kitchen. E non ci mette piede da un anno, esattamente da quando è nata la piccola Viola (la *vera* Viola).

"Non posso più rimandare: ho detto settembre, e settembre sarà. Però, onestamente... Com'è possibile che non trovi un'idea alternativa? Ho voglia di cucinare, cucinare veramente, lo sai. Ma non riesco a trovare l'idea giusta. Figurati, ho visto che all'angolo con casa mia ha appena aperto un negozio che fa solo tartine e tramezzini. E te le spedisce a domicilio. Perché l'idea non è venuta a me?"

"Anna, preparare tartine non è proprio cucinare..."

"Ma che c'entra? È l'idea che è carina. Io mi voglio divertire. Sono stufa di spennellare torte Sacher che non mangerà mai nessuno."

"Te l'ho detto, l'idea giusta è quella di Londra. Uno stand – non serve neanche un negozio – di zuppe espresso, come quello che c'è a Victoria Station. Minestre thailandesi al coriandolo, messicane con il chili, crema di zucca o di broccoli: tutto in un bicchierone di carta, tipo Coca-Cola. Faresti fortuna."

"Sì, ma che noia! Già vedo il nome: La solita zuppa. Tu insisti, ma è l'unica cosa che non mi piace, né mangiare né preparare... E poi là piove, fa freddo, per forza ti viene voglia di qualcosa di caldo. Ma da maggio a settembre qui cosa faccio, chiudo? Perché invece, guarda, non apriamo un Sushi & Chiacchiere? Un sushi bar per sole donne, e a chi ordina il takeaway, affittiamo gratis un film con Meg Ryan..."

"Ma figurati. Tu, innanzitutto, non sai neanche da che parte si comincia, a preparare un sushi; e poi, un locale per sole donne? Che tristezza. Non ti fa forse piacere uscire, la sera, e vedere anche qualche maschio baciabile?"

Ci guardiamo intorno. I maschi baciabili, come al solito, scarseggiano. Io, a dir la verità, ne ho identificato solo uno; e, visto da lontano, potrebbe tranquillamente essere gay. Abbonda invece, anche qui, il genere camicia aperta e cravatta nel taschino. Desolazione.

"Dai, tira fuori il giornale e scegliamo il film. E te lo dico subito: non sono disposta a niente con sottotitoli. Troviamo qualcosa sul genere e-poi-partirono-felici-sulla-loro-station-wagon-con-tre-bambini-e-un-cane." La passione di Anna. Forse dovrebbe abbandonare la cucina e fondare una casa di produzione specializzata: la Station Wagon Movie. Il nome c'è già.

Dopo il film, cuore di mamma fugge a casa a controllare i danni fatti dalla suocera. Io salgo nel mio nido d'amore (proprio non capisco perché le cicogne si ostinino a ignorarlo) e, mentre giro le chiavi nella serratura, medito su uno dei tanti benefici effetti Station Wagon. Ovvero: non c'è niente di meglio che vedere un film zuccheroso e tornare a casa a un letto caldo (be', insomma, forse è meglio d'inverno che in un'estate afosa...). Ma sì. Quel che mi piace di più, dopo il bacio finale sullo schermo, è pensare di aprire la porta e trovare qualcuno da abbracciare. Nella fattispecie, mio marito.

Già. Se il mio curriculum professionale è lungo parecchie pagine, quello coniugale si limita a un nome: quello di mio marito. Detto anche il Sant'Uomo dalle solite amiche irriverenti. Sposarmi, lo confesso, è stata una delle idee migliori che ho avuto in vita mia. Mi piace tutto: portare la fede e ammirare il segno bianco che lascia sulla pelle con l'abbronzatura (c'è qualcosa di più romantico?); andare in tintoria e dire: "Passerà a ritirare mio marito"; avere qualcuno che ti bacia anche quando hai il raffreddore (su questo, a dir la verità, devo sempre insistere, perché il Consorte sostiene che quando sono malata ho la lingua fredda). Ma tant'è.

Apro la porta e sento il profumo di... ylang ylang?

No, peggio: strudel alle ciliegie. In codice: nostalgia in corso. Tra le tante qualità del Consorte c'è l'abilità pasticciera, ma la cosa bizzarra è che non inforna mai a comando, non quando piove e uno vorrebbe trovare una torta di pere e cioccolato (sì, sempre quella) tornando a casa... No, il Consorte si mette all'opera di notte, con trenta gradi fissi, e il forno che adesso avrà surriscaldato tutta la casa. Ma è così: cucina per nostalgia.

Nel Paese da dove l'ho strappato, i suoi genitori avevano un'antica pasticceria e negozio di *Delikatessen*. Una bottega dall'aria fané, con vetrine incorniciate come quadri; a sinistra, in bella mostra, torte Sacher, krapfen ripieni di crema, strudel alle mele (d'inverno) e alle ciliegie (d'estate), biscotti di Natale; a destra, prosciutti, pâté, aspic di pesce, micropanini al tartufo o al foie gras... Conosco a memoria il repertorio perché, per un mese, sono passata davanti alle vetrine tutti i giorni. E tutti i giorni mi fermavo con il naso contro il vetro. Non entravo. Ero lì per un corso di lingua all'università, vivevo in un pensionato e avevo i soldi contati: se li avessi finiti, sarei dovuta tornare a casa prima. E chi aveva voglia di tornare? Così, ogni mattina, facevo giusto una piccola, piccolissima deviazione, tanto per torturarmi con le vetrine del *Delikatessen* più bello della città.

Finché un giorno è uscito lui. Mi ha spalancato la porta in faccia, io ho fatto un balzo indietro come una ladra, e il futuro Consorte mi ha lestamente agganciato: "Posso offrirle qualcosa?" Ammetto: credo di non aver mai ricevuto una proposta più romantica (e appetitosa, s'intende). La buona educazione avrebbe voluto che io rifiutassi: pasticcini da uno sconosciuto? Ma sono d'accordo con Oscar Wilde: posso resistere a tutto, tranne che alle tentazioni, soprattutto se culinarie.

Il Consorte (dopo, molto tempo dopo) mi ha confessato che non era lì per caso. I miei futuri suoceri gli avevano raccontato la storia bizzarra di una studentessa straniera, dall'aria spettinata, che appariva dal nulla ogni mattina e si piazzava con il naso davanti alle vetrine. Lui si era incuriosito, e si era appostato per acchiappare la preda affamata. Ma questo l'ho saputo quando ormai ero stata catturata. Quando, nelle lunghe mattine pigre in cui rimanevamo tra le lenzuola nell'appartamento sopra la pasticceria (era lì che abitava il futuro Consorte), mi baciava mentre dalla finestra entrava il profumo dei krapfen appena sfornati...

È di questo che ha nostalgia, lo so: nostalgia di casa, di una patria perduta, di una pasticceria che non c'è più (al suo posto, un negozio di vestiti). Nostalgia di un passato che non ritorna. Ed è per questo che informa dolci. Ma, mi chiedo, lo deve proprio fare in una delle serate più torride della storia?

4

Test spermatico: voto, 6+

Una volta gettato il computerino nella spazzatura, mi ripresento dalla ginecologa. Appena prova a dirmi: "Non è incinta? Non ci pensi!" scoppio in lacrime, e singhiozzando le rispondo che è inutile, che ci penso ogni giorno, quindi tanto vale scoprire subito se c'è un problema. Non sono un'amante della medicina ufficiale, ma visto che la strategia "smetto la pillola e rimango subito incinta" non ha funzionato, mi arrendo: vivisezionatemi pure, diteci cosa non va.

A questo punto, cerchiamo un centro dove fare gli esami. Un'amica di un'amica (a cui ufficialmente chiedo informazioni non per me, ma per conto di un'amica, ovviamente) mi parla bene di uno studio privato dal nome vagamente dietetico: Vita Life. È caro, ma sono rapidi. Ci danno appuntamento subito.

Si comincia con i primi esami, facili facili. Il dosaggio ormonale, che consiste nel presentarsi in certi giorni del ciclo per il prelievo del sangue. E poi, il primo e unico esame per lui: il temuto test spermatico.

Il Consorte lo affronta con la consueta flemma. Mi sembra un po' triste lasciarlo andare da solo; propongo di accompagnarlo. Rifiuta. La sera mi dirà che è andato tutto benissimo, c'era persino un'infermiera bionda a disposizione dei pazienti. Si paga extra, ovviamente. Per un attimo gli credo. Vita Life, tutto contro la sterilità!

Ci presentiamo insieme per i risultati, e il medico in camice bianco esordisce: "Guardi, le do giusto sei più". Sei più? Cos'è, un voto? "Ma sì, non vede qui?" e punta il dito accusatorio sui risultati. "I suoi spermatozoi sono, sì, in quantità sufficiente; ma sono lenti, dovrebbero essere più veloci... Certo, un po' è lo stress, un po' lei non è più così giovane... Insomma, via, sei più."

Alla faccia dell'approccio rassicurante: questa è una frase-attentato, un killer della virilità. Vuole forse offrirci anche un servizio impotenza?

Esco inferocita da Vita Life e propongo una seratina di festeggiamento. Nel mio menu fusion personale, se il sushi è consolatorio, l'indiano è il massimo del romantico (una scelta un po' forzata dall'inguaribile avversione del Consorte per il sushi). Ma, ammetto, mi piace il "nostro" indiano, che ha le candele sul tavolo e una birra dall'imbarazzante nome Kamasutra. Prenoto. Ci vuole un brindisi agli Spermatozoi Lenti. Saranno anche lenti, ma ci sono.

Spermatozoi lenti. Ci ripenso adesso, alle prese con la mail della settimana.

"Spero che almeno voi mi possiate aiutare. Sono sposata, ho due figli, ma non ho mai fatto l'amore con mio marito. Già prima di sposarci lui ha avuto, diciamo così, qualche défaillance, ma pensavo fosse l'emozione, la scomodità di non avere una casa nostra, di dover sempre farlo in macchina... E invece poi le cose sono peggiorate. I figli? Sono nati con una specie di inseminazione artigianale. L'ho masturbato, ho raccolto il seme, l'ho inserito in vagina; e ho avuto la fortuna di rimanere incinta, tutt'e due le volte. Ma adesso ho 30 anni e mi chiedo: è questa la vita che mi aspetta? È giusto rinunciare al sesso alla mia età? E non mi dite di portare mio marito dal sessuologo, perché non ci vuole andare."

"Non mi dica di andare dal medico, perché lui non ci vuole andare." Anche questo è un tipico ritornello. La prego, mi mandi una soluzione via mail, mi mandi un laser di luce, una strategia che funzioni... Però, ammetto che la signora del Coito Negato ha un certo spirito d'iniziativa (e ha avuto anche una bella fortuna). Inseminazione artigianale... Suona bene, un po' come gelato artigianale. Certo, rimane sempre il problema del sesso, è vero. E a questa che cosa rispondo, a parte: si rivolga con fiducia a noi del Lettino?

A proposito del Lettino... E se sentissi il parere del Grande Materassaio? Ho il sospetto che ultimamente si stia appassionando più ai granchi che agli spermatozoi, e non vorrei che chiudesse il sito e mi lasciasse senza lavoro. Spero solo che, in qualunque parte del globo sia (non riesco mai a seguire del tutto i suoi spostamenti), se è notte, abbia spento il telefonino. Ha la singolare tendenza a tenerlo sempre acceso, e più di una volta mi è sembrato di averlo colto in tutt'altre faccende affaccendato. Per essere un appassionato di eros, ha una strana predilezione per il sesso in luoghi e ore assolutamente banali: a letto, di notte, a luci spente. L'unica cosa che cambia è la latitudine. E la partner, ovviamente.

Risponde allegro. È appena uscito dall'acqua e no, non lo disturbo. Espongo il caso... Risposta: "Perché non chiami Il Lettino?" (Grazie tante, a questo ci ero già arrivata da sola.)

"E, a proposito, Emma, visto che sei lì, volevo leggerti questa notiziola che potresti mettere on line..."

Ci risiamo. Il Grande Materassaio deve aver subodorato che ho qualche problema per quanto riguarda i neonati (forse gli occhi che mi si riempiono di lacrime quando ne vedo uno?) e così mi tortura puntualmente con una surreale rassegna stampa al telefono. In qualunque parte del globo sia, tira fuori dalla tasca (del costume) qualche allegra notizia di cronaca che riguardi la fecondazione artificiale. Ufficialmente, il suo obiettivo è convincermi a inaugurare una parte del sito tutta dedicata alla Cicogna Telematica. Ma in realtà so che lo fa per me, mi vuole convincere che la scienza offre qualche possibilità alle Aspiranti Madri. Il problema è che riesce sempre a trovare delle notizie davvero deprimenti (a sua discolpa, ammetto che non so se sono le notizie a essere sconfortanti, o l'argomento in sé...). Tipo quella di oggi.

"Spermatozoi cercansi. Secondo uno studio della British Fertility Society, che ha analizzato 16.000 campioni di sperma prelevati a 7500 uomini nell'arco di tredici anni, la concentrazione media degli spermatozoi è calata del 30 per cento. Tra le cause della crescente infertilità maschile, l'inquinamento." Smog, tutta colpa dello smog. Sarà per questo che il Grande Materassaio ormai vive in riva al mare? "In ogni caso, l'infertilità maschile, sette volte su dieci, è risolvibile chirurgicamente o con terapie mediche."

Silenzio. L'unica cosa buona di questa rassegna stampa è che non è richiesto alcun commento da parte mia.

"Allora, Emma, se non hai nient'altro da dirmi, io vado. Ci risentiamo..."

Certo, certo. Lui torna sott'acqua, e alla fortunata signora dell'Inseminazione Artigianale io che cosa dico? Cerco di scriverle una risposta il più rassicurante possibile, in cui la invito a passare al Lettino per una consulenza, e poi la metto on line: sarà la Lettera della settimana. Prima, però, vediamo se Olivia ha un'idea alternativa. Se non altro, posso farla ridere. E se non ha un'idea, potrebbe comunque avere delle notizie sull'operazione Riaggancia il Tuo Ex. Chissà, magari funziona.

"Allora, ne ho messi in lista sei." Sei? La lista degli ex di Olivia in realtà potrebbe prendere tranquillamente un paio di pagine. "Ho messo solo quelli storici, ovvio. Quelli che mi interessano davvero. Allora, c'è Greg a Boston, Klaus a Berlino, Jean-Claude a Marsiglia, Robert, detto Bob, a Capetown, Felipe a Barcellona..."

Più che una mappa amorosa, sembra un piano ferie. In effetti Olly ha un obiettivo in mente dalla I B: sposare uno straniero. (Anche il fedifrago con il cane era straniero, ammesso che uno svizzero si possa definire tale.)

E per anni Olivia ci ha dilettato con le sue avventure global, molto facilitate dall'arrivo di Internet e dai voli low cost... Risultato? Alla fine lei ha imparato "sul campo" due o tre lingue (utilissime poi sul lavoro), ma quella che ha sposato lo straniero sono stata io. Uno straniero farlocco, come insinua lei, visto che il Consorte vive in Italia da un'eternità. Però, ha comunque un passaporto straniero.

"Non mi sembra che in lista tu abbia messo Seidina..."

"Ti ho mai detto che sei davvero poco spiritosa?"

Seidina è stata la follia interetnica di Olly. Un ragazzo senegalese molto bello. E molto richiesto. Più che richiesto, strattonato: dalle sue cinque donne sparse tra l'Italia e il Senegal, più qualche bambino ("Tu non capisci, è nella loro cultura"). Olly aveva capito soltanto quando, autoinvitatasi in Senegal, ha fatto un tuffo nella cultura locale, ospite di una famiglia allargata con moglie diciottenne che stava per partorire.

"È stata un'esperienza": così ha liquidato il capitolo. E vedo che non ha nessuna intenzione di riaprirlo.

"Ma Greg di Boston, cosa c'entra? Avrai avuto al massimo 18 anni..."

"Appunto: sono i fidanzati storici, no? E poi, non mi lasci finire. C'è anche Miro, ti ricordi quello dell'isola in Dalmazia?"

"Peggio ancora, lì di anni ne avevi 16."

"E invece è un'idea geniale: è il primo che contatterò. Perché ho scoperto che la barca di single non va in Grecia come pensavo, ma in Dalmazia. E fa proprio tappa, indovina, a Hvar."

E, invece, la prima travolta dall'operazione Riaggancia il Tuo Ex sarò io. Soltanto che non ho mosso un dito: sono stata io a essere riagganciata. È riapparso al mio orizzonte, infatti, Samuele. Il biondo Samuele, con un ciuffo liscio che gli cadeva continuamente sugli occhi e che lui ricacciava indietro soffiandoci sopra (adesso un gesto del genere mi farebbe inorridire, ma allora lo trovavo "dolcissimo", per usare l'aggettivo più comune nel mio vocabolario di sedicenne), e la sua collezione di Lacoste (anche queste, allora, erano "dolcissime"). Samuele che poi, ho sentito, ha fatto i soldi con una piccola casa editrice, proprio lui che a pagina 3 – anche di un giornale – cominciava a sbadigliare. Il suo capolavoro imprenditoriale si chiama Iena Ridens, e sforna piccoli libri trash e "istantanei", firmati dai comici "della tv". Prezzi popolari, successo usa e getta. Sarà contento.

Questo non spiega, però, perché mi abbia chiamato e invitato a pranzo: per parlare, dice lui, di lavoro. Ammetto, sono curiosa. Voglio vedere se ha davvero abbandonato le sue Lacoste (da qualche parte, in uno degli scatoloni in cui conservo il mio passato, devo averne ancora una, quella con cui dormivo). E poi, soprattutto, voglio capire che effetto fa l'Ex.

"Allora, ti aspetto al Milledue." Sono entusiasta. L'appuntamento (e poteva essere altrimenti?) è in uno dei ristoranti più modaioli di Milano, dove da tempo aspetto che qualcuno mi inviti. Un vero locale da *people-watching*, dove le porzioni saranno pericolosamente piccole (peccato, a me piace mangiare), il menu sarà scritto con piglio da poeta disoccupato (almeno mezza pagina per spiegare un piatto), ma dove in compenso potrò guardare ed essere guardata.

In qualcosa di sicuro Samuele non è cambiato: è in ritardo. Invece io, per qualche strana mutazione genetica, con il passare degli anni sono diventata sempre più puntuale. Le amiche sostengono che è stato il Consorte ad addestrarmi, anche se – ricordo benissimo – all'inizio subiva i miei ritardi senza fare una piega. E senza neanche ascoltare una parola delle mie elaborate scuse. Forse sono diventata puntuale per osmosi. Da quando poi ho smesso di portare l'orologio (assordata, ve l'ho già detto, dal ticchettio di quello "biologico"), e dunque da quando importuno i passanti, o cerco i sempre più rari orologi stradali, sono ancora più puntuale. Non sono l'unica, comunque, a vivere senza il ticchettio al polso: dev'essere un tentativo di resistenza alla società della fretta. Che produce strani risultati: di solito chiedo l'ora, e il passante, per rispondermi, tira fuori il telefonino.

Comunque, eccomi qui. Puntualissima. E perplessa. Ho scoperto infatti che Milledue non è un nome scelto a caso. Segnala, infatti, il tetto massimo di calorie per pasto. Un'invenzione diabolica dello chef (sarà a dieta?). Intanto, ho già capito che ci metterò più tempo a leggere il menu che a mangiare il mio misero pranzo. Decidere è difficile. Mi sfamerà di più il 550 Calorie (ovvero il Raviolo all'Acqua di Marzo, di grano saraceno a coltivazione biologica, con ripieno di asparagi selvatici, accompagnato da spuma di basilico), o il 600 Calorie (il Timballo ai Profumi di Bali, a base di riso basmati integrale, con bocconcini di pesce spada allo zenzero e una spolverata di semi di papavero)? Sono affranta. Non avevo mai mangiato in un ristorante alla Bridget Jones, e mi sta passando l'appetito. Sto calcolando nervosamente quello che mi posso permettere, quando eccolo: Samuele.

Anche lui ha subito una mutazione genetica: non scende più dal vespino d'antan, ma da una roboante Honda. Si toglie il casco e io spalanco gli occhi: il ciuffo! Non c'è più! Non ci sono più neanche i capelli, rasati a zero. Immagino perché: ne aveva pochissimi. Devo assolutamente evitare l'argomento. Parlare di capelli a un quarantenne è come parlare di cellulite a una donna. Via anche la Lacoste: Samuele ha la divisa d'ordinanza, giacca e abbronzatura, ma per fortuna senza cravatta nel taschino. Almeno quello. C'è invece il pizzetto, senza il quale, mi sembra di capire, gli italiani under 40 non possono sopravvivere.

Fiero della sua entrata, il mio Ex esordisce con la banalità di prassi: "Sei sempre uguale..." Non so mai se questo sia un complimento o un insulto. Non sono il genere Ombelico Generation e quindi il "Sei sempre uguale" mi suona un po' come un "Peccato, non sei riuscita a cambiare". Però, è vero: non ho (ancora) neanche una ruga, neppure un capello bianco. Forse la natura mi sta risparmiando per non farmi fare proprio la figura della mamma attempata, quando sarà il momento.

Samuele mi guarda. Sta aspettando una risposta, giusto? Qualche banalità automatica del tipo: "Anche tu sei sempre uguale, non sei cambiato di una virgola". Rabbrividisco. Non è l'aria condizionata, ho già capito:

il mio Ex si è trasformato in un maschio tipologia "Ciao, come sto?". Ovvero il narciso per eccellenza. Conosco il genere: parlerà di sé senza staccare un attimo. E infatti parla. Di sé, della sua Iena Ridens ("Un'idea geniale, lascia che te lo dica"), di sua moglie ("Ma come, non sapevi che mi sono sposato?"), del suo adorabile erede e del secondo pupo in arrivo... Ecco, qui si ferma. Si è ricordato che ci sono anch'io. "E tu?"

Oh, no, l'ha fatto. L'ha fatto anche lui. Cosa gli dico? Mi stampo un sorriso in faccia e provo con: "No, non ancora". Samuele si scatena. Parte con una variazione del Discorso sui Valori della Vita che, diamine, da una iena ridens proprio non mi aspettavo. Potrei recitarglielo io, il discorso, tanto lo so a memoria. Ma come, ancora senza figli, e che cosa aspetti? (Già, cosa aspetto?) Tra un po' non potrai più farne. (Se è per questo, non posso neanche adesso.) Ma già, immagino, prima la carriera. (Quale carriera, scusa?) Però, ricordati, non c'è niente di più importante dei figli, di più sacro. (Se non mi illuminavi tu...) Io se tornassi indietro li farei anche prima. (Su questo ho i miei dubbi.) E poi guarda: ci si diverte, sai? (Questo in genere detto con le occhiaie di uno che non dorme da anni.) Qui, di solito, c'è l'estrazione della foto dal portafoglio: grazie al cielo, questa mi è risparmiata. Ah, no, peggio: estrae come una colt il suo telefonino ipertecnologico e, voilà, appare la foto dell'erede. No, peggio ancora. Non è la foto, è addirittura un filmato. Così, con una mossa sola, mi ha fatto vedere che possiede un cellulare ultima generazione e un figlio ultimo modello. Bel colpo.

Mentre mi mostra, non richiesto, il filmato del primo compleanno del pupo, quello del pupo che mangia eccetera, mi sono già pentita di aver accettato l'invito. Ma era così noioso, Samuele? "Dunque, Emma, immagino che ti chiederai perché ti ho invitato..." Esatto. "Ma è semplice: devo farti una proposta di lavoro che ti piacerà di sicuro."

Finalmente si arriva al dunque!

"Allora, ho saputo che sei tu l'anima di www.sullettino.it. Una bella idea, bella davvero. E mi risulta che anche i libri non vadano male. Per cui, visto che sei diventata, diciamo così, un'esperta di sesso e dintorni" – mi strizza l'occhio, non posso crederci! – "volevo offrirti di scrivere un libro per me. Con il tuo vero nome, s'intende, in copertina! Ho già l'idea: interviste a uomini famosi sulla loro prima volta. Niente politici, per carità: tutti i comici della nostra scuderia, innanzitutto; e poi qualche calciatore, qualche attore, qualche giornalista televisivo, un paio di industriali, di quelli molto fotografati... Vedi tu. Nostalgia, ricordi, magari anche qualche cilecca, chi la vuole raccontare. Una coppia gay – così, tanto per essere politically correct – ma senza troppi dettagli. È il titolo, quello che mi manca... Per quello però conto su di te. Non so, qualcosa del genere *Uccelli in fuga*, che ne dici?"

Cosa faccio, urlo subito o dopo? Che delusione. Pensavo in un incontro un po' Hollywood, magari un romantico "Ti ricordi?", un filo di corteggiamento... Niente di tutto questo, e non solo: una proposta lavorativa imbarazzante. In una parola: un disastro.

"È un cretino", mi lamento con Anna, che chiamo appena tornata a casa.

"Questo però lo sapevi anche vent'anni fa. Ma, come dire, aveva i suoi argomenti di persuasione. Forse, certo, un po' volatili, come il titolo del bestseller che scriverai…" ride. Io no.

E mi sono anche dimenticata di chiedergli se ha ancora quella vecchia collezione di Lacoste. Potrei rimandargli quella mancante. Magari potrebbe scriverci sopra un libro: *La mia vita in una Lacoste.* O meglio, farselo scrivere. Perché credo che nella sua vita Samuele non abbia mai scritto nulla di più di un sms e del suo nome sulla carta di credito.

5

ISTEROSALPINGOGRAFIA: L'ESAME DELL'IDRAULICO

Dopo il test spermatico, il dottor Vita Life ci ha consigliato (anzi, sarebbe meglio dire ingiunto*) di fare l'isterosalpingografia. Nome da scioglilingua e prospettiva poco incoraggiante: si tratta di farsi iniettare (io, la cavia) un liquido di contrasto e poi sottoporsi a una radiografia. Per controllare se non ci sono tube ostruite, ed eventuali ostacoli al passaggio degli spermatozoi. Insomma, un esame idraulico. Fa male? Ma no, si figuri, è come una mestruazione un po' dolorosa... Il giorno prima, però, deve fare un'irrigazione vaginale. A casa. Un'irrigazione vaginale? Cioè? Ma non potevamo cercare un nome un pochino più decoroso? La farmacista a cui chiedo lumi, e che è sempre più incuriosita dai miei acquisti, precisa: "Sa, lo comprano spesso le prostitute"... Ah, bene, interessante. L'irrigatore vaginale, per la precisione, è un orrido aggeggio che serve proprio per "irrigare". Mi viene quasi da piangere dallo sconforto. Cosa c'è che non va in una bella, sana doccia? Non è abbastanza igienica?*

Il Consorte prende mezza giornata di vacanza e mi ac-

compagna alla mia prima tortura da Vita in Vitro. In sala d'attesa, tanti Aspiranti. Già, perché qui ci sono anche gli Aspiranti Padri (tutte vogliamo essere accompagnate e consolate...). La differenza di genere è lampante: gli uomini leggono il giornale, le donne si guardano la punta delle scarpe. Ma io, che non sono Annetta, non sono interessata alle scarpe né mie né altrui, e vorrei tanto fare conversazione. Ci sono degli argomenti interessanti che vorrei trattare. Ad esempio, com'è andata la vostra irrigazione?

L'isterosalpingografia è brutta come promette il suo nome. Mi iniettano dentro un liquido con la delicatezza di un'onda forza nove, e poi mi rimandano a casa. Come una mestruazione un po' dolorosa? Figuriamoci. Sono a letto, e uscire per andare al ristorantino indiano sembra un'impresa impossibile. Pollo al curry? Ma qui non c'è niente da festeggiare. E il sushi, come al solito, è vietato dalla convenzione matrimoniale. In questi casi ci vuole una minestra, ad esempio quella del cinese sotto casa: chicken soup come analgesico. Di solito funziona.

E i risultati? No, la lastra non è pronta, richiami domani, richiami dopodomani...

Finalmente passo a ritirare: tutto bene. Solo un'ombra sulla tuba sinistra. Ma forse è la lastra, non si può dire. In ogni caso il liquido di contrasto è passato, per cui è tutto a posto. "Hai un tubo un po' arrugginito", riassume il Consorte. Spermatozoi Lenti e Tuba Arrugginita possono procedere.

Già, Tuba Arrugginita. Ho un sospetto: che da quel momento fatale, l'occhio del Consorte non veda più solo me, la sua dolce metà. Ma veda anche una tuba da aggiustare. Lo capisco, è più forte di lui. È nella sua natura. Perché il Consorte è un vero uomo. Deve aver giocato troppo, da piccolo, con treni e macchinine, e lì il suo destino è stato segnato. È diventato un *aggiustatore*. Nei primi anni di matrimonio lo guardavo con ammirazione. Dopo fidanzati intellettuali, o pseudotali, che non alzavano gli occhi dal giornale, dal libro, o semplicemente dalla sedia, avevo finalmente davanti a me un uomo-che-aggiusta. Un uomo che sa riparare una lavatrice e il motore di una barca a vela, che sa posare il parquet e cambiare un rubinetto, far obbedire un computer e risolvere gli enigmi di un telefonino. Mazzi di fiori? Lettere appassionate? Macché: come pegni d'amore, meglio martelli e cacciavite. Dopo tanti fidanzati pigri e inetti, finalmente c'era un uomo a cui potevo dire, con tipico pigolio femminile: "Questo non funziona..." E che tirava subito fuori la cassetta degli attrezzi. Ma c'è un ma. Il vero uomo tutto martello e computer si è rivelato tale anche di fronte agli imponderabili misteri della fertilità. Spermatozoi lenti e tuba arrugginita? Niente di terribile. Niente che non si possa *aggiustare*.

Chiamo Anna per dirle che il caldo è intollerabile: partiamo per il weekend.

"Beata te", mugugna. "Io, invece – sorpresa! – rimango qui. L'Innominabile ha cambiato ancora il calendario." Traduzione: l'innominabile è l'ex moglie di Carlo, il marito di Anna; il calendario è il complicatissimo incastro di weekend in cui tocca a loro tenere Margherita (mi chiedo a volte se Anna si sia resa conto di aver dato a sua figlia Viola un nome di fiore come la sorella...). Calendario che puntualmente viene disatteso.

"Avevo già fatto la valigia! Questo doveva essere il weekend senza Margherita, e invece la dobbiamo tenere noi. E sai la novità? Ci saltano anche tutti gli altri weekend! Ma pare che non sia colpa dell'Innominabile, è colpa del suo nuovo compagno. O meglio, dell'ex moglie del nuovo compagno. Che non gli molla i figli nei weekend stabiliti, quelli in cui loro tenevano sia la prole dell'uno che dell'altra. E allora io, per colpa di una cretina che neppure conosco, vedo saltare tutti i miei programmi, dimmi tu se è giusto! Sai cosa pensavo? Potrei telefonare all'Innominabile. Oppure a lui. O direttamente all'ex di lui. Perché mi è venuto in mente..."

Ho perso il filo. Credo che anche Annetta abbia perso il filo. Il punto è che le organizzazioni delle famiglie patchwork sono molto, molto complicate. Tento la strategia dell'ottimismo a tutti i costi, che con Anna di solito funziona.

"Però, ammetti, meglio il caos che tornare ai tempi in cui l'Innominabile era sola e sconsolata. Ti ricordi?"

Dall'altra parte, silenzio.

"Anna, mi stai ascoltando?"

"Scusa, stavo studiando un sacchetto che non mi ricordavo."

"Anna, l'hai fatto ancora?"

Allora la situazione dev'essere proprio grave. La strategia antiansia di Anna, riservata alle grandi catastrofi, è quella di tirar fuori tutti i sacchetti (o *shopping bags*, come ci correggerebbe Olivia) di tutti i suoi acquisti-scarpe. Un centinaio, temo. (Anna sa il numero esatto, ma non me l'ha mai voluto dire.) Sacchetti che tiene conservati come reliquie, fuori dalla portata della piccola Viola che li farebbe a pezzi volentieri; e che, nei momenti di nervosismo come questo, rovescia sul pavimento per poi rimetterli meticolosamente a posto. Ogni volta secondo un ordine diverso. Cronologico (il primo sacchetto credo risalga addirittura agli anni Settanta), oppure in base alla grandezza, al materiale (plastica, carta), all'ordine alfabetico (Fratelli Rossetti, mi ha chiesto una volta, secondo te deve andare sotto Effe o Erre?), geografico (quelli italiani, quelli dei viaggi a New York, a Parigi, un regalo che viene da Tokyo...). Non posso resistere: *devo* sapere con che criterio li sta mettendo adesso. "Per colore, che ne dici?" Sempre, sempre dar retta alle strategie antiansia delle amiche. Se sgonfi il loro salvagente, sei obbligata a fornirgliene uno nuovo.

Sono grata ad Anna di molte cose, tra cui l'aver tentato di risparmiarmi il più possibile lo choc dell'Annunciazione. Ovvero: avermi comunicato nel modo più soft possibile che (lei! *E* non io!) era incinta.

Eravamo uscite per una delle nostre solite seratine cinema+sushi, ed era stata stranamente arrendevole sulla scelta del film. Così, felice di abbandonare almeno per una volta il filone Station Wagon, l'avevo trascinata a una pellicola iperpremiata ma girata, ahimè, con la camera a mano. Lo schermo, ammetto, ondeggiava. Anna, però, invece di soffrire in silenzio, comincia a dimenarsi sulla sedia, a dirmi: "Ma a te non viene mal di mare?", a inveire contro i registi sperimentali, e in generale a disturbarmi. Finché si alza all'improvviso e si precipita verso la scritta luminosa: toilette. Sospetto, tremendo sospetto. Mi alzo anch'io, e aspetto che esca, pallida pallida dal bagno. "Volevo dirtelo in un altro modo", inizia con un filo di voce, "comunque, sono incinta."

Colpo di scena. Il sushi per fortuna l'abbiamo mangiato lo stesso: Anna mi ha annunciato, trionfante, che secondo la sua ginecologa andavano eliminati solo prosciutto e carne cruda. Per questo è stato più facile perdonarla.

Certo, non pretendo che un'amica sia ipersensibile se mi deve comunicare... Anzi, scusate, diciamo la verità: lo pretendo. L'Annunciazione (delle gravidanze altrui) per un'Aspirante Madre è un evento traumatico, e non capisco come mai non sia contemplata nella scala degli eventi stressogeni, dove meriterebbe un posto nella top ten, diciamo fra terremoto e dirottamento aereo.

C'è chi non sa che tu sei un'Aspirante Madre, e pazienza. Anche se non è bello sentirsi comunicare: "Sono *ancora* incinta, e dire che questo bambino proprio non lo volevamo..." Ma l'amica che sa tutto di te deve proprio chiamarti dalla toilette dell'ufficio, annunciandoti che sì, il test di gravidanza che ha in mano è positivo? Non potrebbe almeno uscire dal bagno? Altra Annunciazione stressante: la convocazione delle amiche (variante: la convocazione della coppia) con bottiglia di champagne in frigo. "Sapete la novità? Aspettiamo un bambino!" E mentre si stappa la bottiglia e le altre mamme cinguettano, tu approfitti del frastuono e scompari in bagno a singhiozzare, sperando di avere in borsa qualche litro di Rescue Remedy.

Il peggio: le Annunciazioni Spiritose, tipo la coppia di amici che dichiara, enigmatica: "Abbiamo deciso che era venuto il momento di clonarci..." Le Annunciazioni Rétro, mentre lei si accarezza la pancia invisibile: "Credo che tra qualche mese ci farà visita la cicogna..." E poi, certo, c'è il Bollettino delle Annunciazioni. Ovvero le amiche senza pietà che appena ti incrociano ti assalgono con: "Ma lo sai che Tizia è incinta? E che Talaltra aspetta il secondo figlio? E non immagineresti mai che..." Già le vedo: sono quelle che, fra una trentina d'anni, passeranno dall'Incinta del giorno al Morto del giorno.

Intanto, mi aspetta il caso del giorno, o meglio, della settimana. Il rito del venerdì di www.sullettino.it, infatti, è mettere on line la nuova lettera. Di venerdì, perché abbiamo scoperto che la maggior parte dei nostri "utenti" si collega da casa. Vogliamo lasciarli senza niente su cui meditare, questo weekend? Dunque, archivio la signora dell'Inseminazione Artigianale.

Cosa scelgo? Vediamo un po'... "Sono sposata da quarant'anni senza un tradimento. Mi invaghisco di un uomo sposato che ha vent'anni meno di me (io 59, lui 39): l'altra estate mi è scoppiato dentro. E, per mesi, solo sguardi. Al primo incontro mi sfugge, al secondo tentiamo delle intimità. Mi invita a un rapporto orale ma il suo pene non è eretto e, nonostante il mio da fare, niente. Tutt'a un tratto mi possiede e con pochi colpi ha un amplesso veloce con fuoriuscita di sperma. Io credevo che non si potesse venire se il pene non era completo. Gli chiedo: è perché fumi molto? Mi dice che gli è venuta in mente la figlia e la moglie e si domanda cosa mai faccia lì. Posso aiutare quel giovane? Mi sembra ridotto male."

E io che mi preoccupo di tube arrugginite! Questi sono i veri problemi della vita: eiaculazione precoce, ansia da prestazione, sensi di colpa tardivi... Metto on line e mi censuro solo sul titolo. Mi piacerebbe "Tradimento con Pene Incompleto", ma sarà di buon gusto?

Sono a posto: ora posso partire per il weekend.

In questi ultimi anni dell'Operazione Bambino i weekend fuori città sono diventati rarissimi. Subito dopo il fallimento di una Fivet (appena cinque lettere, e una complicatissima trafila: quella della Fecondazione In Vitro con Trasferimento di Embrione), avevo voglia solo di stare a casa a piangere. E durante una Fivet – o meglio, nel periodo preparatorio, quello della terapia ormonale – non è molto romantico andare in giro con aghi e siringhe. Si può fare, certo; però non è così divertente quando la prima cosa che il Consorte dice, aprendo gli occhi sabato mattina, non è "Spalanchiamo le finestre, guarda che panorama", ma "Girati che ti devo punzecchiare..." O quando nel paesino di montagna devi cercare un ginecologo che ti faccia un'ecografia. O quando al mare rinunci al bikini perché hai la pancia piena di lividi, quelli lasciati dalle iniezioni.

Questo, dunque, è un eccezionale weekend di tutto riposo. Via dal caldo, via dalla città. Nel piccolo bed and breakfast prenotato con un mese di anticipo. Nella camera con vista mare e, grande lusso, spiaggia privata. Appena cinque stanze: che pace.

Peccato, però, che non siamo i soli ad aver avuto quest'idea. L'intera autostrada in direzione mare è un lungo, lento serpente di persone inscatolate in macchine roventi. Poi ci sono i lavori in corso. Poi c'è un incidente. Poi è meglio uscire dall'autostrada per fare un pezzo di statale. Poi ci sono dieci chilometri di coda per rientrare in autostrada. Quando approdiamo al bed and breakfast ho le lacrime agli occhi. Ma sono determinata a non piangere: questo sarà il nostro weekend romantico. Che comincia con tanto amore e niente cena, anche perché arriviamo quando i ristoranti hanno già chiuso da un pezzo. Ma domani, domani…

Crollo sul letto pensando alla focaccia di domattina. La sveglia, però, arriva prima. Precisamente alle 2 di notte, con un urlo da giungla proveniente dalla camera accanto. Per un attimo spero che sia una coppia immersa in una seduta di sesso selvaggio. O magari alle prese con un Pene Incompleto. Invece no, non sono così fortunata: è una coppia con figlio piccolo e piangente. Succede, certo. Non posso prendermela perché io non ho figli. Povero bambino, avrà caldo, avrà sete… Verso le 5 del mattino, all'ennesimo urlo trapanante e disperato, penso che potrei vendere a Olivia un'idea di marketing fenomenale. Basta con i design hotel: il successo è negli hotel no-kids, vietati ai minori di 18 anni. Possono prenotare solo coppie, clandestine e non. Comincio mentalmente a creare il dépliant e mi riaddormento... Fino alle 7. Il bambino della camera accanto è di nuovo sveglio: ma stavolta no, non urla, sta solo saltando sul letto, con rumorosi guaiti di felicità. I genitori devono essere fuggiti. Coraggio, devo mantenere la calma...

Ecco la happy family, già a colazione: i genitori dall'aria malmostosa, la baby belva occupata a buttare per terra, meticolosamente, tutte le posate. No, non posso affrontare un'altra notte così...

Prima che appaia il Consorte (che mi vieta ostinatamente di assalire gli sconosciuti, anche se ho degli ottimi motivi, dimenticandosi quanto sfogarsi faccia bene alla salute), mi avvicino con il migliore dei miei falsi sorrisi. "Salve, sono nella camera accanto alla vostra..." Scuse? Facce contrite? Macché: i prodi genitori mi guardano, pronti all'attacco. "Volevo solo dirvi che, be', le pareti sono sottili e stanotte ho fatto fatica a dormire. Magari il bambino è malato..." suggerisco, conciliante. È ovvio che non è malato: sta prendendo la mira per colpirmi con l'ultima posata rimasta, e ha l'aria molto più sana dei suoi insonni genitori. "Lei ha dei figli?" mi assale a tradimento il padre. "No, ma veramente..." Occhiata fulminante: "Ecco, guardi, si vede benissimo che non ne ha. Se ne avesse, non farebbe certe domande. Il bambino non dorme: è colpa nostra? Cosa dovremmo fare, secondo lei, imbavagliarlo? Non andare al mare? Non abbiamo diritto anche noi di riposarci?"

Arretro senza parole. Ho già le lacrime agli occhi. Per fortuna vengo salvata dal Consorte: "Buona giornata anche a voi!" dice angelicamente, trascinandomi via.

Mi siedo mogia al nostro tavolo e sento che sto per piangere. Ho già voglia di tornare all'afa di Milano e alla mia camera da letto senza colonna sonora. "Vedi, anche loro l'hanno capito subito che non sono una mamma..." comincio a pigolare. Il Consorte è impassibile: "Sono andato a prendere la focaccia. Ancora una parola e non ne avrai neanche un pezzo". Obbedisco. Non c'è niente che un morso di focaccia calda non possa alleviare. E poi, penso maleficamente, il nostro simpatico vicino di stanza forse non ha solo un bambino insonne... Forse possiede anche un Pene Incompleto.

Sotto l'ombrellone, medito sui dilemmi vacanzieri delle coppie senza figli. Oltre agli hotel no-kids, bisognerebbe attrezzarsi con delle spiagge no-kids: mi ero dimenticata di quanto la Liguria fosse "a misura di famiglia". Il Consorte sembra impermeabile a urla e chiacchiere, è immerso in un catalogo di barche (una delle poche letture consentite, pare, ai veri uomini). In realtà so che è altrove: sta pensando alle nostre vacanze, alla vela, al "vero mare". Quest'anno, però, la nostra mappa geografica presenta delle aree a rischio. È per quello che sto rimandando la data di partenza. Non voglio incontrare il 12 metri tutti-single di Olivia, ma non voglio neanche imbattermi nel 13 metri dei miei genitori. Sono simpatici, certo, ma sono anche molto chiassosi e, di solito, a bordo hanno amici più chiassosi di loro (e tutti con le foto dei nipotini nel portafoglio). E poi i miei hanno un difetto: parlano. Soprattutto mia madre. Si alza al mattino e comincia a chiacchierare prima ancora di aver preso un caffè; scendono in porto e lei ha già fatto conoscenza con il barista, si è informata sul mercato più vicino, ha invitato a cena l'intero equipaggio della barca accanto. Lei si difende: dice che deve far così per sopravvivere, altrimenti non reggerebbe a una vita (quasi tutta) in navigazione. Io, però, mi ricordo benissimo che ha sempre fatto così: anche quando il suo raggio d'azione era limitato al condominio, o al quartiere. Forse è per questo che abbiamo cambiato così spesso casa: si stufava.

Comunque, non dovrebbero esserci problemi di incontri indesiderati. Olivia parte tra poco, e i miei sono molto lontani in questo momento: in Turchia. Dubito di ritrovarli, ad agosto, come vicini di ormeggio. Forse quest'anno faremo delle vere vacanze.

6

TEST POSTCOITALE: ORE 15, SI FA SESSO

Spermatozoi Lenti e Tuba Arrugginita: fin qui, ci siamo. Adesso, ci spiega il dottor Vita Life, bisogna vedere se i più veloci degli Spermatozoi Lenti, doppiato il capo della Tuba Arrugginita, entrano in un ambiente "amichevole" o no. Perché, guarda un po', ci sono coppie non "compatibili", e per verificarlo l'unica cosa è un test postcoitale. Per misurare – ho capito bene? – se per caso io non sia troppo "acida" e quindi stermini subito gli Spermatozoi Lenti.

Non ho il coraggio di chiedere altro, anche perché sono già terrorizzata. Lo so, me lo sento, dev'essere questo il nostro problema: non siamo compatibili. Anni di baci, treni, traslochi, e infine il verdetto: non compatibilità. E questo sarà solo l'inizio della fine. È un brutto segno. Poi cominceremo a litigare, e da lì al divorzio il passo è breve...

Dopo un'orrenda settimana con pessimi presentimenti, eccoci, è mercoledì, il giorno scelto da Vita Life per torturarci. Le istruzioni sono chiare e deprimenti. Dobbiamo andare a casa, "avere un rapporto" (così ci spiega e, in effetti, chiamarlo sesso è esagerato), e poi via, trafelati e senza aver fatto neanche una doccia, presentarci in clinica. Postcoitale nel vero senso della parola, perché dovranno, tipo pap-test, analizzare "dopo il coito" se gli spermatozoi sono ancora vivi in ambiente vaginale.

Proprio mercoledì il Consorte ha un pranzo di lavoro, mi raggiungerà a casa subito dopo. Io sono nervosa, non ho voglia di mangiare, stamattina non ho neanche fatto colazione. Figuriamoci, è il giorno in cui mi rifileranno un certificato di non compatibilità di coppia, il primo giorno della fine del mio matrimonio, e io dovrei mangiare? Ho lo stomaco chiuso e non so con chi prendermela.

A dir la verità non riesco neppure a lavorare. Sono le 14, e il Consorte non si vede. Starà prendendo il caffè. Provo a chiamarlo sul cellulare. Non risponde, certo, è un pranzo di lavoro... Sono le 14.30, e sono già pentita di non aver mangiato nulla. Se mi facessi una pasta? Se ordinassi una pizza? No, non c'è tempo: dobbiamo essere in clinica entro le 16. Sono le 14.45: dov'è finito? Se saltiamo stavolta, bisogna aspettare il mese prossimo, oggi è il giorno giusto per i livelli ormonali...

Cosa faccio? Stacco il telefono per creare almeno un po' d'atmosfera? E se poi mi deve chiamare? Accendo una candela profumata? No, fa ridere. Tutto sommato è un esame medico. E se mi facessi trovare già nuda a letto, pronta da mangiare? Mangiare? Perché, accidenti, ho pensato al cibo? Come faccio a fare sesso a comando con lo stomaco vuoto? Certo, non è così che mi immaginavo l'ebbrezza di un incontro clandestino e pomeridiano...

Suona il campanello. Io che sono già, nuda e nervosa, a letto, ho un sobbalzo. Non aspetto nessuno e, soprattutto, non voglio che nessuno entri in un momento cruciale. Chi può essere? Un pony express? Una vicina? Decido di far finta di non esserci. Risuona. Sembra che l'importuno abbia dimenticato il dito sul campanello. Mi infilo inferocita l'accappatoio e controllo dallo spioncino: ma è lui, l'altra cavia che mancava per il test! "Non trovavo le chiavi", dice il Consorte travolgendomi e togliendosi la camicia a velocità supersonica...

Alle 16 meno 5 entriamo trafelati in clinica. Io sono spettinata e imbarazzatissima: sì, siamo qui per il postcoitale, si vede? Prego, si stenda, si spogli. Mi fanno una specie di pap-test e gli Spermatozoi Lenti finiscono sotto il microscopio.

La risposta è immediata: "Reagiscono bene, sono vitali". Tutto qui? Passato l'esame? Siamo compatibili! Voglio che lo scrivano sulla carta d'identità: coniugata e compatibile.

I coniugi compatibili tornano, felici, a casa. Dopo una sosta in panetteria: sto svenendo dalla fame.

Quando ho iniziato la mia nuova vita da Casalinga Telematica, avevo svariati obiettivi. I principali erano: vedere il fondo della cesta della biancheria e non comprare più insalata già lavata.

Sulla biancheria, ho capito quasi subito che è un'impresa impossibile. Nonostante il Richiamo della Lavatrice, al quale ubbidisco in media una volta al giorno (no, non siamo poi tanto sporchi, ma non trovate che ci sia qualcosa di rasserenante nel ronzio sommesso della centrifuga?), il fondo della cesta l'ho visto una sola volta. E il piacere è durato appena ventiquattr'ore. Come mai? Chissà. È uno dei misteri della vita: la Cesta Magica non si svuota mai, come in una favola dei Fratelli Grimm.

L'insalata già lavata è stato un altro insuccesso. Per anni, quando passavo le mie giornate tra uffici stampa e case editrici e redazioni e uffici e clienti e, in generale, in luoghi poco domestici, sognavo di potere andare con calma al mercato. Odiavo tornare a casa la sera alle 8 meno 5, giusto in tempo per infilarmi nel supermercatino all'angolo e comprare la solita mestissima verdura pronta-per-l'uso. Comoda, certo, ma così triste! Vogliamo mettere il piacere di curiosare tra le bancarelle, guardare quei bei cespi di lattuga (ancora umidi, innaffiati senza pietà da mattina a sera) o quei mucchi ancora un po' fangosi di spinaci, oppure puntare il dito su variazioni di erba di cui non so mai il nome (qualcuno mi vuole spiegare, ad esempio, la differenza *esatta* tra radicchio trevigiano e veronese?), o ancora interrogare l'ortolano su come condire le specie più rare... E poi, il piacere di lavarla. A casa. Mani nell'acqua, mani nel verde. Sognavo tutto questo, mentre compravo l'ennesima insalata pronta-per-l'uso, indecisa se farmi rapinare con quella "biologica", ma irremovibile nell'evitare il "misto-mensa" (quelle fogliettine di plastica verdi e rosse che, sospetto, nelle mense aziendali vengono riciclate di giorno in giorno).

Ebbene? Al mercato, certo, ci sono andata: qualche volta. Ma è così difficile organizzarsi! Il lunedì fa troppo caldo (d'inverno fa troppo freddo), il martedì ho un impegno irrevocabile, il mercoledì non ho nessuna voglia di mangiare verdura, il giovedì andrei volentieri al mercato ma quello più vicino è a mezz'ora di macchina... E poi, diciamocelo: lavare l'insalata non è poi così divertente. Soprattutto gli spinaci (ma ci fanno pagare anche il fango?). E la "barba di frate": praticamente bisogna sciacquare stelo per stelo, foglia per foglia! E quando ci sono, per caso, delle lumachine... Trauma: sono una ragazza di città, non sono abituata ad affrontare animali selvatici. Che mi creano, fra l'altro, dei problemi di coscienza. Cosa ne faccio, li butto nella pattumiera condannandoli a una fine ingloriosa; oppure li deposito in terrazza, in modo che mi distruggano le rose?

No, troppo stress. Così, alla fine, anche oggi, nel mio solito travestimento da Casalinga Telematica (*home look*, una variazione del pigiama per stare davanti al computer), scendo per andare a comprare la solita insalata di plastica nel solito supermercatino all'angolo.

È mezzogiorno, e ancora una volta ho sbagliato. Non ho ancora imparato i ritmi del quartiere e va a finire che, pur avendo mille possibilità, indovino sempre la fascia oraria coda-alle-casse. Questa, ad esempio, è un'ora a rischio: è il momento degli operai (magrebini e non) che vengono a comprare pane, salame e birra. Mi metto pazientemente in coda con il mio pacchetto di spinaci già lavati. Sono fortunata: c'è la cassiera simpatica, quella che ha una collezione di ombretti anni Sessanta (è praticamente l'unica donna che conosco a Milano che si trucca ancora gli occhi con delle manate di potente azzurro). Un make-up quasi da modernariato.

"Un attimo, oggi ho le mani così secche..." e voilà, la Cassiera Vintage tira fuori rapidissima il Vetril da sotto la cassa e si spruzza i palmi. Inorridisco. "Ma non faccia così, si metta una crema: si rovina le mani..." Gli operai dietro a me sghignazzano ("E noi, allora, signora, cosa consiglia a noi per le mani?"), mentre la Cassiera Vintage mi risponde, altrettanto allibita: "No, guardi, io è tutta la vita che uso il Vetril, mi trovo benissimo. E poi, non l'ha visto *Il mio grosso grasso matrimonio greco*?" Già: il patriarca burbero che usa il Vetril anche come medicina... Lasciamo perdere, impossibile contrastare il verbo di Hollywood.

Esco con i miei spinaci e decido una variazione sul tema: invece del solito giro supermercato-cappuccio-edicola, andrò a prendere un lussuoso caffè in Corso Como 10. Il negozio (che dico il negozio? Il mondo, l'evento, il *concept store*) più trendy di Milano è proprio qui all'angolo, e quando voglio risollevarmi lo spirito con qualcosa di bello (e incomprabile) è la mia meta preferita. All'entrata mi lanciano un'occhiata interrogativa, e poi il compassato commesso che di solito prende in consegna le *shopping bags* delle giapponesi in visita propone: "Le tengo gli spinaci, signora?"

Mi vedo all'improvviso nello specchio di fronte: già, non ho proprio un abbigliamento da Corso Como... Larghi pantaloni grigetti di cotone stile pigiama, una T-shirt che ha visto troppe centrifughe (ma è diventata dello stesso grigio), infradito da spiaggia (faceva troppo caldo per mettersi i sandali)... Sopra a tutto questo, però, una meravigliosa stola di shantung verde acido (è il mio camuffamento estivo; d'inverno, metto l'impermeabile sopra il pigiama-da-casa). La drappeggio con aria indifferente mentre consegno gli spinaci. Guardate, guardate pure. E se stessi lanciando una moda?

Ormai sono dentro, ammessa nel santuario dello stile. Passo in rassegna meticolosamente ogni sala: gli abiti così fashion di cui mi piace tutto, tranne il cartellino del prezzo; i gioielli etnici scovati in qualche suk nel deserto (ma perché io non li vedo mai, quando giro per mercati?); le scarpe iper-lodate di Manolo Blahnik (sono venuta qui in pellegrinaggio tempo fa, dopo aver visto le prime puntate di *Sex and The City*, ma non ho osato comprarle, e non solo per il buco che avrebbero scavato nel conto corrente: a me, incredibilmente, stanno proprio male). Guardo tutto, anche il reparto uomo & gay.

Poi c'è il primo piano: con l'angolo libri, dischi... E Anna. Come, Anna? Non è possibile: è un negozio che non le piace, non è la sua zona, non è neanche il suo orario di libera uscita, chi è che tiene Viola? E invece è proprio Anna, seduta al caffè, tra i gelsomini. Che sorpresa! Prenderemo un aperitivo *prestige*. Vado, ciabattando (queste infradito fanno un rumore davvero spiacevole), e freno all'ultimo momento: Anna non è da sola. È con un ragazzo (uomo?), non dall'aria Executive, direi piuttosto Misto Creativo. Vestito totalmente di nero. Che le sta, fra l'altro, molto vicino. Stranamente vicino. Pericolosamente vicino. Ecco, adesso le sfiora la spalla, le indica qualcosa sul menu... Lei sorride con aria ebete... Si gira... Mi giro anch'io: mi mimetizzo velocemente dietro i gelsomini e, alla massima velocità consentita dalle mie infradito, guadagno l'uscita.

Ho appena visto Anna con un uomo di cui non so niente, e già questo è sospetto. Ad Anna piace molto parlare di uomini (il suo argomento di conversazione preferito dopo le scarpe). Uomini suoi o delle altre, baciabili o ranocchi, veri o sullo schermo. Gli uomini – tutti gli uomini – le interessano. Anche l'idraulico: soprattutto l'idraulico, che nel suo caso è un trentenne con l'orecchino e il pizzetto biondo, muscoli a vista (non l'ho mai visto, ma ne ho sentito la descrizione fino alla nausea; purtroppo il Consorte è bravo con tubi e tubature, e anche quando sostenevo che c'era un problema di scarico acqua, non abbiamo mai dovuto richiedere i suoi servigi).

Ma sto divagando: come sempre ("Stai facendo trama", si lamenta Olivia, che non concepisce che qualcun altro le rubi spazio di conversazione). Allora: ho appena visto Anna con un uomo di cui non so niente. Cosa prevede il codice della I B? Dire alla vittima che il suo uomo è stato visto con un'altra. Ma se è lei a essere con un altro uomo, di cui, supremo oltraggio, non ci è stato notificato niente, che si fa? Devo parlare con Olivia. È solo quando sono a casa e sto già facendo il suo numero al telefono che mi rendo conto di aver lasciato gli spinaci nel negozio più chic della città. Pazienza. Oggi niente verdura. E, soprattutto, se interrogata, negherò di averceli lasciati io.

"Olly, non ci crederai mai. Sono uscita stamattina, per andare a fare la spesa, e poi ho deciso di..."

"Emma, non fare trama", ringhia Olivia. "Vai alla notizia in fretta, perché non è giornata. Non solo il cuoco ha dato un pugno al forno, per cui sono fuori uso lui e il forno, non solo un cliente si è già fatto cambiare camera tre volte, ma sai cosa mi è successo ieri sera? Torno a casa a mezzanotte, stravolta; accendo le luci, e indovina? Le luci non si accendono!"

"Non hai pagato la bolletta?"

"Ma quale bolletta, sai benissimo che è tutto domiciliato sul conto, figurati se ho tempo di far la coda in posta, io. No, cara: le luci non si accendono perché non ci sono più! Il maledetto ieri è venuto a casa, mentre io non c'ero, e si è portato via tutte le lampade. Tutte! Ha smontato perfino i faretti. Ho dovuto arrangiarmi con le candele. E fosse solo questo. In casa ne avevo solo di disgustose, profumate al caffè, al caramello..."

"Anna, allora, le ha regalate anche a te? Perché, guarda, è proprio di lei che ti volevo parlare..."

"Anna, lo sapevo! È proprio fissata. Scusa, sai, ma adesso mi chiamano. Tu non ti rendi conto delle grane che ho. Beata te che lavori a casa..."

"Olivia!" Ecco: l'ha fatto ancora. Mi ha chiuso il telefono in faccia. È la sua solita sindrome solo-io-lavoro. Vabbe', richiamerà.

Intanto, cosa faccio con Annetta? È chiaro che la regola della I B non vale all'inverso: non posso certo chiamare il marito di Anna per dirgli che l'ho vista con un altro. Però potrei chiamare lei e interrogarla.

Ma come? Devo stanarla con l'inganno, proporle un Cinema Station Wagon, e poi parlerà.

Intanto squilla il telefono, sarà Olivia che si vuole scusare?

"Sono di passaggio a Milano, ma tra poco riparto. Siamo a posto con il lavoro, vero?" Oh, no, è una voce maschile, e purtroppo ho già capito chi è.

"A proposito, Emma, ho trovato una notizia molto interessante. Mi senti? Londra: una sentenza dell'Alta Corte britannica ha stabilito che chi divorzia non ha più diritto di usare gli embrioni precedentemente congelati. E quindi Natalie, 31 anni, che non ha più le ovaie (tolte per un intervento oncologico) e Lorraine, 38, che ha già una figlia ma poi è diventata sterile, si sono viste negare il diritto di usare gli embrioni ottenuti con i loro ovuli e il seme degli ex mariti."

Lo odio. Lo odio. Prima o poi gli dovrò parlare, non è possibile che continui a tormentarmi in questo modo. Intanto, il Grande Materassaio tace. Io taccio. È quasi una variante del maniaco telefonico: il maniaco telefonico specializzato in Fivet.

"Allora ci sentiamo, d'accordo? Sai dove trovarmi." Certo, so dove trovarti. Ma preferirei, almeno per un po', non avere più notizie in diretta di embrioni & C.

E adesso? Questo è il problema di essere un'Aspirante Madre. A volte basta un niente, una frase, un'occhiata, una telefonata del maniaco, per rigettarmi nel più sconfortante sconforto. Stai vivendo, appassionandoti agli spinaci lavati e a un gossip inaspettato, quando ritorni, come nel gioco dell'oca, nella tua posizione iniziale: lo sconforto perenne. E a tutte le decisioni da prendere: andare avanti o rinunciare, fare una Fivet o cancellare l'appuntamento, cambiare clinica o no...

All'improvviso ho solo voglia di piangere. Sono in caduta libera. Potrei chiamare un'amica, certo! Belle amiche. Una che mi butta giù il telefono, e l'altra che ha una doppia vita di cui non so niente. L'unico conforto è che prima, quando lavoravo in un vero ufficio, nei momenti di caduta libera c'era solo la fuga poco dignitosa dalla mia scrivania per barricarmi in bagno. Adesso posso tranquillamente piangere qui, nel mio studio domestico, davanti alla mia postazione di Casalinga Telematica. Non mi vede nessuno, non mi sente nessuno. Posso anche buttarmi per terra singhiozzando. Anzi, lo faccio.

No, forse non è stata una buona idea rimanere a casa e pensare all'Operazione Bambino. E ritrovarmi ogni giorno nella camera di Barbablù. Già, la camera di Barbablù. Non ne avete mai vista una? Pensateci bene.

Siete lì: invito a cena con visita guidata della casa. Sì, questo è il bagno, l'abbiamo appena ristrutturato; il parquet è quello vecchio, rilamato, c'è costato un sacco ma ne valeva la pena; guarda, finalmente ci siamo tolti lo sfizio, il frigo gigante all'americana... E questa... Dunque, sì, questa è la camera in più: la camera degli ospiti, il guardaroba, lo sgombero, la Camera Che Non Abbiamo Finito, la Camera che Potrebbe Diventare...

Rigida sulla soglia (in genere non ama entrare in quella stanza e ha le sue buone ragioni), l'Aspirante Madre non trova le parole giuste. A volte incespica e sfida il destino: "Questa è la camera dei bambini, se ci saranno", proclama, sfoderando un Sorriso Ottimista. Segue sguardo pietoso dell'ospite che: a) sa già tutta la lacrimevole storia; b) calcola mentalmente quanti anni ha la poveretta, e tra quanto scatta il Fuori Tempo Massimo.

La camera di Barbablù non sempre rimane tale. A volte arriva davvero un bambino, che magari viene installato "provvisoriamente" in mezzo a poltrone di recupero e armadi colmi di vestiti. È come se l'Aspirante Mamma non riuscisse a crederci. E in fondo anche la camera non riesce a capacitarsene: diamine, viene promossa anche lei, diventa la Camera del Bambino.

Anch'io, ovviamente, ho la mia personale Camera di Barbablù, a cui ho fatto un *upgrading*: è diventata il mio studio di Casalinga Telematica.

Mi ero stufata di passarle ogni giorno davanti e di vederla appassire, poveretta, degradata prima a "sgombero", angolo scatoloni non ancora svuotati; poi, nell'ordine, posto di passaggio delle valigie (no, non riesco mai a disfarle appena torno a casa), angolo stenditoio biancheria, angolo stiro... Ho provato a darle un'aria più allegra: ho messo un tappeto, ho appeso le tende, ma non c'è stato niente da fare. La cameretta tornava inequivocabilmente Camera di Barbablù, mentre io arrancavo tra medici, test postcoitali e primi approcci in vitro.

Poi ho deciso: la Casa mi chiama. La Camera di Barbablù diventa il mio studio personale. Via tutti i mobili, la polvere, il vecchio tappeto... E il giorno in cui mi sono licenziata dal mio ultimo (volante) posto di lavoro, ho varcato trionfante la soglia, dicendo: sei mia. La cameretta si è immediatamente vendicata: spostati i mobili, è apparsa un'enorme, scandalosa, tristissima macchia di muffa sulla parete. È stata la fine. "È un segno del destino! La Camera di Barbablù ha la muffa! Il mio sogno ha la muffa! Sono un'Aspirante Madre con la muffa!"

Il Consorte ha dovuto provvedere: la muffa, certo, è sparita, e io mi sono installata. Non so cosa diventerà questa camera. Per adesso sono qui che ci scrivo (e piango), e intanto è stata dipinta di blu. La Camera Blu, per ora. Poi vedremo.

È a questo che penso mentre, sdraiata per terra, sto singhiozzando e gloriandomi della mia disperazione, e intanto con la coda dell'occhio controllo. Eccola! Mi sembra di aver visto una nuova macchia di muffa, appena appena, sull'angolo destro...

È così che mi trova il Consorte. Ore dopo, con il telefono staccato e pensieri nerissimi come la pioggia che non arriva. Pensieri afosi come il caldo che non molla la presa.

"Stavo solo controllando la muffa", provo a mentire mentre le lacrime, vigliacche, mi scivolano ancora addosso.

Mi abbraccia: sa di buono, sa di fresco e di pulito, di vento e di mare, di sogni e di sicurezza. Sa di matrimonio.

7

Laparoscopia: una spia dentro la pancia

Dopo il Certificato di Compatibilità, il dottor Vita Life ci convoca e ci fa il seguente discorsetto: "Per quello che possiamo capire non avete nulla, e quindi vi proponiamo un ciclo di cinque trattamenti ormonali con inseminazione artificiale". Ma come, "e quindi"? Se siamo sani, perché dovremmo fare un'inseminazione artificiale, tento di ribattere?

Vita Life mi ringhia addosso: "Lei ha un'idea migliore? Le interessa davvero diventare madre, o vuole soltanto perdere tempo? Quante possibilità le rimangono ancora? Veda lei se la sua priorità è davvero avere dei figli: noi le garantiamo una gravidanza, diciamo, al 90 per cento".

Esco indignata. Ma come si permette, ma come ci tratta, ma come fa a sapere che ci "garantisce" una gravidanza? E poi: vogliamo davvero cominciare una Vita in Vitro? Non è forzare i tempi, la natura? Possiamo aspettare.

Consulto coniugale: d'accordo, aspettiamo, intanto andiamo in vacanza, anzi aspettiamo fino a Natale e poi vedremo.

Natale arriva e la mia agendina è, come al solito, un de-

lirio di asterischi e cancellazioni e garbugli, più o meno ogni quattro settimane. Mi sento ancora rimbombare minacciosa la voce di Vita Life nelle orecchie. E se avesse ragione lui? Non sarebbe meglio passare a una gravidanza "garantita"? Però, senza di lui: questo è sicuro. Non voglio più vedere il suo ghigno e il suo Rolex.

La solita ricerca "da amici degli amici per conto di un'amica" ci fa approdare nello studio del grande pioniere del vitro. Uno dei padri della fecondazione artificiale. Una visita che ci costa come un weekend al mare e dura circa un quarto d'ora ("E non mi ha fatto nemmeno spogliare!" commento stupita al Consorte). In compenso il professore mi mette sulla bilancia, e poi calcola velocemente con la sua stilografica d'oro. Sì, il peso va bene, sentenzia; perché sa, anche questo è importante: c'è chi è troppo grassa o troppo magra per poter rimanere incinta... (Penso alle migliaia di mamme sovrappeso o filiformi e annuisco: certo, certo, dev'essere una sua ossessione personale; del resto, chi non ne ha?) Responso? Detto con altro tono, altra classe, ma anche lui è perentorio. Per noi, a quanto pare, c'è un'unica possibilità: la Vita in Vitro.

Esco e, pagando alla segretaria, domando: chi sono quei bei bambini di colore che sorridono dalle pareti dello studio? I figli del professore, scopro: figli adottivi, perché di suoi non ne ha potuti avere. Ah, no, questo è troppo. È come portare le scarpe a risuolare da un calzolaio che gira con gli stivali sfasciati. Non si può fare.

Altro giro di telefonate, altro consulto.

Stavolta mi metto in testa che voglio una dottoressa donna. Sussulto postfemminista: perché mi devo far mettere le mani addosso da un uomo, che incinto non sarà mai? Cosa può capire dei miei drammi di Aspirante Madre?

Così eccoci, per la prima volta, in un centro pubblico. La dottoressa a cui tanto agognavo c'è, ed è addirittura doppia: una, la più burbera, si occupa di noi; l'altra passa il tempo incollata al telefonino, parlando alternativamente con la sua baby-sitter e con le tante pazienti in ansia che chiamano, e a cui, dopo rapido consulto, vengono date istruzioni stile dispaccio di guerra (sì, no, 75, stasera a mezzanotte...).

Anche qui la sentenza è inappellabile: non sappiamo perché lei non rimanga incinta. Se vuol provare da noi la Vita in Vitro, benissimo, ma le condizioni sono precise: lista d'attesa (è un centro pubblico, c'è una fila lunghissima di disperate Aspiranti Madri) e solo tre tentativi. Di più lo Stato non ne paga. E un'altra subcondizione: bisogna rifare tutti gli esami (tutti? Tutti), più la temibile, terribile laparoscopia. Altrimenti, non si entra.

Accettiamo. Io, mogissima. La laparoscopia è l'esame che in assoluto mi fa più impressione: per un motivo molto semplice, perché ho paura. È un'operazione! In anestesia generale, "entrano" con una sondina e controllano che sia tutto a posto. Per vedere se le tube sono davvero arrugginite o no, se c'è qualche intoppo, se si può "ripulire"... E via con le metafore stradali. Ma se ho già fatto l'isterosalpingografia! Tempo perso, sospira la dottoressa-che-parla, mentre quella-al-telefono continua a sussurrare istruzioni in codice. È un esame impreciso, noi non lo consigliamo più (se penso a quella serata in lacrime a let-

to...). Noi richiediamo, per procedere, la laparoscopia: prendere o lasciare.

Prendiamo. Mettiamo le nostre firme in un librone (sembra quello del matrimonio, anzi no, il registro di classe, ma è solo il libro con l'elenco di tutti i vitro-aspiranti) e veniamo congedati: siamo ufficialmente sulla waiting list.

C'è una lista d'attesa molto, molto più piccola per la laparoscopia, e nel giro di qualche settimana vengo convocata. Passerò la notte in ospedale e no, il Consorte non può rimanere a dormire con me: non ci sono letti, non è una clinica, non sono una malata grave. No, punto. Sola e abbandonata.

Per evitare di passare due (due!) notti in ospedale, accolgo la proposta della dottoressa-al-telefono (è lei, adesso, quella incaricata di parlarmi). Niente cibo per ventiquattr'ore e, soprattutto, uno sciroppo disgustoso che devo prendere a intervalli. Nessuno, però, neppure la solita imperturbabile farmacista sotto casa, mi spiega che lo sciroppo è un lassativo: serve per arrivare "pulita" al momento dell'anestesia. Lo scopro da sola, durante un consolatorio giro di shopping, che si tramuta in un tour esplorativo dei cinque wc dei bar che mi separano da casa.

Pazienza: sono troppo preoccupata per l'anestesia che mi aspetta il giorno dopo. Potrei morire, e non ho fatto testamento: vorrei dirlo al Consorte che mi accompagna in ospedale. Poi mi trattengo, penso che almeno avrò qualcosa da scrivere in queste lunghe ore di attesa.

Non vengo ricoverata in ospedale da quando mi hanno tolto le tonsille. Allora come adesso, per definirmi mi basta una parola: incarcerata. Devo abbandonare i miei ve-

stiti ed entrare in un camicino color ospedale; e, proprio mentre tiro fuori carta e penna per scrivere il mio testamento, adieu!, *vengo trasportata in sala operatoria.*

Riapro gli occhi ed è pomeriggio: il Consorte è lì che mi sorride. Tutto a posto, sono ancora viva! Riapro gli occhi ed è sera. Il Consorte se ne va e mi lascia da sola per la grande prova: la notte in ospedale. Non da sola, scopro: siamo in quattro in questa stanza, e se c'è una cosa che odio di più rispetto al dormire da sola è dormire con degli sconosciuti. Anzi, delle sconosciute. Tiro fuori il mio libro per barricarmi contro discorsi importuni, ma la mia vicina di letto non è ancora passata per le grinfie dell'anestesista e ha molta voglia di chiacchierare. "Sei qui anche tu per la chiusura delle tube?" Io chiusura delle tube? Io vorrei delle tube aperte, apertissime, delle tube-autostrada con corsie iperscorrevoli... Di cosa sta parlando? Poi capisco: la mia vicina di letto si è fatta sterilizzare. Però. Sono accanto a un errore spazio-temporale: potrebbe essere una contadina dell'India del Sud, e invece no, è una loquace signora che, nonostante il libro che tengo ben alto, continua a parlarmi dei suoi tre figli e dei suoi due matrimoni, delle sue gravidanze (faticosissime), di pillola (non la può prendere) e di uomini (il mio mi salterebbe sempre addosso e, del resto, per rimanere incinta basta solo che mi guardi)...

Mi addormento con il libro in mano. La Sterilizzata-per-scelta che parla con la Sterile-per-forza: scene da ospedale, terzo millennio.

È solo il giorno dopo che, a casa, piango tutte le mie lacrime. Primo motivo: la dottoressa ha detto che, dopo aver fatto passare il sondino-spia in lungo e in largo per tube e annessi, si è scoperto che è tutto a posto. Sono sana, non ci sono motivi per cui io non possa rimanere incinta e/o portare avanti una gravidanza. Almeno fossi malata! Singhiozzo. Almeno ci fosse una spiegazione ragionevole! Secondo motivo: oltre a punti, bende e cerotti, ho il divieto assoluto di fare il bagno nella vasca "per rischio infezioni". L'unica cosa che sognavo, rientrando a casa come Malata Grave, era una tranquillizzante immersione in bollicine e schiuma. Ora, pare che io non sia né malata né grave; in compenso rimango sporca. Poi non ditemi che la vita non è triste.

È un'altra giornata afosa. Stamattina non riesco proprio a lavorare. Non mi telefona nessuno di divertente, escluso le povere schiave del telemarketing. Già, questa è un'altra scoperta della mia vita da Casalinga Telematica: squillo perentorio, tu rischi di ammazzarti scivolando sul tappeto perché stavi facendo la doccia o innaffiando le rose o, peggio ancora, interrompi una telefonata di lavoro e rispondi all'avviso di chiamata, e scopri che è una poveretta di un call center. Ovvero una sconosciuta che vuol sapere al telefono ("Solo qualche minuto del suo tempo, signora") la tua opinione sull'olio, sui robot mangia-acari, sulle banche, e possibilmente venderti qualcosa. A volte la loro è l'unica telefonata che ricevo durante la giornata, e vi assicuro che è davvero deprimente. In più sono convinta che siano sorvegliate: quando tento di farmi raccontare com'è la loro giornata da schiave del mondo globalizzato, mi assicurano tutte che il lavoro è bellissimo e che gli intervistati sono molto, molto gentili. "Come lei, del resto, signora."

In ogni caso oggi, come diversivo, non basta neppure la telefonata marketing. Decido di fare una pausa prima ancora che sia il tempo della pausa: del resto, non è questo il bello di lavorare a casa?

Esco, compro il giornale, è ora del caffè: sto sperimentando, uno per uno, i bar della zona, alla ricerca del Cappuccino Perfetto.

Ho dovuto scartare il bar-sotto-casa, ovvero l'oasi dei fumatori (sembra che si diano tutti appuntamento lì fuori), il bar-nuova-gestione (cambia look e proprietario a velocità impressionante, e che gusto c'è ad andarci se nessuno ti conosce?), e anche il bar-all'angolo, che si è convertito agli aperitivi (ma io non posso bere il mio caffè tra olive e patatine!). Certo, ci sarebbe il bar-*prestige*: pago volentieri il doppio del prezzo di un cappuccio normale per il piacere di essere riconosciuta da un cameriere gentleman, che mi chiede: "Il solito?" anche se non ci metto piede da qualche mese. E poi, la fauna è fantastica: avvocati-di-corsa e signore-senza-fretta. Ma, ahimè, è troppo lontano.

Così da qualche tempo ho ripiegato sul bar-torrefazione. Mi sta simpatico perché, oltre al barista che disegna un cuore, un fiore e a volte anche la E di Emma con il cacao (baristi, gli ultimi romantici rimasti in città), la cassiera appende ogni tanto dei ritagli di giornale stile "incredibile ma vero", a uso e consumo degli avventori. Si va dall'articolo sui rudi uomini dell'Alaska a cui scarseggiano donne (e quindi hanno fondato un sito web per trovarle), al test per stabilire se il tuo è vero amore (la risposta si ottiene, non so perché, confrontando la tua altezza con quella del partner)... Insomma, notizie da cappuccino.

E la notizia di oggi? Eccola qui: una ricerca dell'Università di Rio de Janeiro ha dimostrato che il caffè aumenta la fertilità, perché rende più veloci gli spermatozoi. Be', fantastico, proprio quello che mi ci voleva per iniziare bene la giornata. Ma neanche al bar sono libera dalla mia ossessione? Neanche qui mi lasciano dimenticare la mia Vita in Vitro? Passo sdegnata al mio cappuccio: a cosa si sarà ispirato oggi il mio romantico barista? Un cuore, un fiore, una stella? A dir la verità, a me sembra... uno spermatozoo.

Bevo in fretta senza osare chiedere spiegazioni. A volte ho l'impressione, semplicemente, di perdere la testa. Ci sono giornate in cui ogni cosa sembra parlare di bambini, alle Aspiranti Madri: tutte le donne sono incinte, tutti gli uomini spingono un passeggino, tutti i giornali hanno nei titoli provette o boom della natalità... Il cappuccio-con-spermatozoo, però, non mi era ancora capitato. E se mi stessi ammalando?

Tanto per peggiorare la situazione, decido una piccola deviazione verso uno dei miei negozi preferiti in questa fase della mia vita: una bottega specializzata in culle.

Già, le culle. Mi straziano molto più degli abiti pré-maman o per neonati, anche perché i pré-maman in genere sono orribili e le tutine mi strappano il cuore soprattutto se c'è un bimbo dentro. Invece, le culle… Hanno un che di commovente e antico allo stesso tempo, sanno di fate madrine e di favole da raccontare. Mi piacciono tutte: quelle di legno, ipermoderne e lineari, un po' svedesi; quelle di metallo tonde, a uovo, con il supporto per i veli e i pizzi con cui coprire il bambino; mi piacciono i lenzuolini ricamati e le copertine lavorate a maglia e i minicuscini. Mi piacciono talmente che, ogni volta che un'amica rimane incinta, tento di convincerla a comprarne una, se non altro per avere una scusa per entrare in questo negozio proibito. Ma tutte si sono ostinatamente rifiutate: i prezzi sono folli, e in fondo una culla dura solo qualche mese, poi bisogna passare al lettino…

L'unica che mi avrebbe dato retta, se non altro per farmi tacere, era Anna; che però, a qualche mese dalla nascita, ha scoperto che per la piccola Viola la culla c'era già. Era una vera culla di famiglia, della famiglia di suo marito, che passava di mano in mano e di generazione in generazione, per tutti i neonati di fratelli e cugini. E il nome di ogni bimbo "transitante" veniva inciso sul legno, sotto il materasso. Ma è meraviglioso, ho commentato, con già le lacrime agli occhi… Per niente: quell'ingrata di Anna non era affatto contenta che il nome di Viola finisse accanto a quello della sorella maggiore, figlia dell'Innominabile. "E il nome l'ha scritto lei, riconosco la calligrafia", ha mugugnato. Dopo aver disinfettato la culla fino alla nausea, è riuscita a farci dormire Viola solo qualche notte: guarda caso, nei primi mesi la piccola si addormentava solo nel lettone. E poi è passata direttamente al lettino.

Già, a proposito di Anna, non ho ancora deciso come estorcerle la verità sull'accompagnatore misterioso...

"Ma, gioia, sei proprio tu! Che ci fai, qui, cara? Dimmi, devo farti le congratulazioni?"

No, è la fine. Questa è Benedetta, una delle migliori amiche di mia madre. In quanto plurinonna felice, ascolta sempre più che volentieri le lamentele di mia madre ("Morirò senza vedere il *mio* nipotino" è la sua preferita, senza pensare a me che morirò, probabilmente, senza vedere il *mio* bambino). E le dà sempre molti suggerimenti non richiesti su quello che dovrei o non dovrei fare. Ma la perdono. In parte perché i suoi resoconti di nonna-sitting a tempo pieno sono talmente estenuanti che mia madre ha già cominciato a dire: "Non credere però che io starò qui tutto il tempo a tenerti il bambino! Ho la barca, io! Ho tuo padre!" E poi perché lei stessa è una figlia inaspettata e tardiva: Benedetta, appunto, perché arrivata quando ormai sua madre non ci sperava più. Questa storia, consolatoria e a lieto fine, me la rende più cara.

Non però alle 9 del mattino di una giornata afosa.

"Benedetta, pensi che non te l'avrei detto? Ma no, stavo guardando..." Dunque, cosa posso inventare? Non posso dirle che stavo guardando per me, penserà che sia pazza. "... stavo guardando per un'amica."

"Ma, Emma, un po' costoso come regalo, non ti sembra?"

"Sì, certo, però non è un regalo..." – e se non è un regalo perché mai dovrei essere qui? – "... cioè, non è proprio un regalo che compro io. Vedi, la mia amica aspetta il primo figlio, e il marito, che è un architetto, vorrebbe disegnarle una culla, e allora, sai, visto che abito qui vicino, ho detto che passavo io a vedere per le misure... chiaro, no? E così lui poi potrebbe copiare il modello." Sono arrivata faticosamente alla fine della mia scusa: niente male, mi sembra plausibile. A parte il fatto che non saprei prendere le misure neanche di un paio di mutande.

"Ma allora, Emma, entriamo!" Ah, no! Non entro neanche morta. Potrei scoppiare a piangere davanti alla culla che non comprerò mai. E poi porterebbe male: avevo giurato che sarei entrata qua dentro solo da incinta... Faccio un passo indietro, atterrita.

"Ah, che peccato, è chiuso." Salva. "Apre solo tra mezz'ora."

Non me n'ero neanche accorta. Io di solito mi limito a posare il naso sulle vetrine, appannando il vetro (una vecchia abitudine, direbbe il Consorte, memore dei miei appostamenti davanti alla pasticceria). Devo fuggire prima che Benedetta mi proponga un caffè. Vorrà sapere chi è l'amica incinta con il marito architetto, e al momento non ne posseggo.

"Be', devo proprio scappare. Ci sentiamo presto, baciami tutti i nipoti!" E soprattutto i tuoi figli, proprio dei bei ragazzi, riepilogo mentalmente. Uno l'avevo anche piazzato a Olivia (quanti anni avevamo, 18? E, a proposito, come mai lui non rientra nell'elenco degli Ex da Riagganciare?).

Glielo devo chiedere, quando mi telefonerà. Miss qui-lavoro-solo-io non mi ha richiamato da ieri, e conosco il genere: quando è in fibrillazione professionale è insopportabile. Posso aspettare.

Benedetta si allontana e io so che non ho ancora voglia di tornare a casa. Cosa potrei fare, con i negozi ancora chiusi e un terribile bisogno di consolazione? Ci sono: improvvisata romantica al Consorte.

In realtà, le sorprese sul luogo di lavoro cerco di limitarle il più possibile. Soprattutto negli ultimi tempi. La Vita in Vitro non è una passeggiata, per una coppia, quando tutti i tuoi momenti di intimità sono funestati da aghi e monitoraggi, laboratori e calcoli sui calendari... E quando ti rendi conto che, forse, ti spogli più spesso davanti ai medici di turno che alla tua dolce metà.

Mi è sempre piaciuto, però, andare a trovare il Consorte in ufficio. È così romantico. Anzi, romantico-coniugale... A cominciare dalla segretaria. Che, a dispetto dell'improbabile nome di Tamara, è simpatica e mi tratta con la reverenza dovuta a una moglie. E poi, particolare non trascurabile, ha poco più di 20 anni, quindi non è assolutamente interessata all'argomento bambini.

Così pensavo. Ma in questi ultimi mesi dev'essere successo qualcosa. Entro in ufficio e Tamara, raggiante, mi fa segno di guardare il salvaschermo del suo computer. Un neonato. Un neonato? "La mia nipotina", spiega illuminandosi. "Non è deliziosa?" Incredibile. Già bisogna guardarsi dalle mamme felici, adesso anche dalle zie entusiaste? "Non sapevo che fossi diventata zia", butto lì, sperando di chiudere l'argomento. Non sono così fortunata. "Come, non gliel'ha detto suo marito? E sa, non è solo bella, è molto intelligente. Sta già imparando a dire mamma." Questo, poi, è addirittura surreale. Un neonato che dice mamma? Ma sono obbligata a sorridere mentre Tamara scarica dalla posta elettronica un file con il vagito-mamma del piccolo prodigio ("L'ho appena ricevuto da mia sorella"), e me lo fa ascoltare più volte, alzando il volume. "Sente bene?" si preoccupa. "Benissimo", sibilo.

Il Consorte non mi aveva avvisato del pericolo, della zia entusiasta che mi aspettava al varco. Eccolo lì, lo vedo attraverso la porta a vetri, mentre parla con un cliente. Non me l'ha detto, e sicuramente – lo capisco solo adesso – l'ha fatto apposta. Perché, almeno, noi Aspiranti Madri possiamo piangere, ubriacarci di Rescue Remedy e farci consolare. Ma un Aspirante Padre, cosa fa? Come reagisce quando la sua segretaria lo tormenta con documenti audiovisivi di un neonato prodigio? Cosa dice quando un cliente gli offre da bere perché è nato suo figlio? Cosa pensa alle 7 del mattino in un corridoio d'ospedale, in fila con altri forse-sterili e un bicchiere colmo di milioni di spermatozoi in mano? Lo so: un Aspirante Padre tace. Non dice niente, non racconta niente. Sopporta, sorride e spera. C'è già l'Aspirante Madre che piange, per tutti e due.

Ricaccio indietro le lacrime. Sono venuta per fare un'improvvisata romantica, e non una seduta in più di autocommiserazione. Mi ha visto. Mi fa cenno con la mano. Sorride!

Un marito che sorride quando ti vede: piccolo miracolo della vita coniugale. Nonostante provette e dintorni. Nonostante il caldo tropicale. Sorrido anch'io. Forse la giornata non è poi iniziata così male.

Aha. Avviso di chiamata: Olivia qui-lavoro-solo-io ha trovato due minuti per telefonarmi.

"Lo so, lo so, mi hai cercato ieri, ma non puoi capire che giornata ho avuto. Non ho neanche avuto il tempo di andare a comprarmi una lampada: ne ho presa una qui in albergo. Però sarai contenta di sapere che sono andata avanti con la lista. Miro non l'ho chiamato, gli farò un'improvvisata dalla barca tra pochi giorni, e agli altri cinque pensavo di mandare una mail circolare. L'ho già buttata giù, vuoi sentire?"

C'è qualcosa che non funziona. Prima di tutto Olivia, la solita esterofila, ha lasciato fuori tutti gli ex italiani (compreso, come sospettavo, il figlio di Benedetta). E poi, una mail circolare per ricontattarli! È offensivo: io non risponderei neanche.

"Emma, sei sempre la solita romantica. Una lettera! Io non ho tempo di scrivere una lettera; anzi, cinque lettere. A mano! E poi una mail è molto maschile, più professionale. Sembra più seria. A una lettera non risponderanno mai; con una mail, basta un clic. Oltre al fatto che li ho rintracciati quasi tutti proprio via Internet. I numeri di telefono che avevo non funzionavano più. E poi, non credere, la mail circolare si può mandare senza che il mittente veda a chi altri l'hai spedita, non sono così stupida. Mi hanno insegnato come si fa."

Non ho voglia di discutere. L'importante è che la Separata dell'Anno si distragga, e mi sembra che questo programma di turismo sentimentale funzioni benissimo. Ma non è finita qui. Olivia vuole un aiuto per rintracciare Jean-Claude. Perché "tu sei più brava con il computer. Io ho provato ma non è venuto fuori niente".

"E gli altri, li hai trovati?"

"Con Greg è stato facilissimo. Nome, cognome e via, non sai quante pagine web. E quante interviste! Ha fatto un carrierone, è senior vicepresident in una mega agenzia di pubblicità, e non abita più a Boston, ma a New York. Pensa, Emma, se solo fossi rimasta con lui, altro che design hotel. Vivrei in un attico su Park Avenue, andrei in vacanza a Martha's Vineyard, e nei design hotel metterei piede solo nei viaggi in Europa. Conto aperto per lo shopping da Barney's, e..."

"Olivia, cosa vuol dire se solo fossi rimasta con lui? È stato lui a lasciarti, non ti ricordi più?"

"Grazie, sei sempre così carina. Tu non capisci, non ti rendi conto dei colpi che dai alla mia autostima..."

A proposito di autostima: quello che vedo su Internet non farà molto piacere a Olivia. Jean-Claude, il biondo ragazzo di Marsiglia che aveva incantato Olly a 25 anni, compare in un sito di locali gay sulla Costa Azzurra. Il suo JC Café è consigliato agli appassionati di jazz, ma soprattutto a chi vuole fare incontri interessanti...

"Olivia, a Jean-Claude piaceva il jazz?"

"Forse, non mi ricordo. Perché? Adesso suona?"

Cosa faccio, parlo oppure le do i riferimenti del nuovo Jean-Claude e lascio che lo scopra da sola? Parlo.

Qualche secondo di silenzio.

"Be', ma sai che è interessante? Sono sicura che un incontro con Jean-Claude sarebbe davvero fondamentale. Forse, dopo la storia d'amore con me, ha capito che nessun'altra donna avrebbe mai potuto bastargli ed è diventato gay..."

Sono sempre, sempre stupita dal grado di resistenza delle mie amiche. Nonché dalla loro capacità di sorprendermi. Avrei giurato che a Olivia sarebbe venuta una crisi isterica: Jean-Claude gay? Dopo di me? Che orrore! E invece no. Sorpresa! Per Olivia è una buona notizia.

Le forwardo il sito web di JC Café e passo all'altro argomento chiave della nostra telefonata: il mistero di Anna. In realtà ho già agito, e Olivia approva: ho invitato la nostra comune amica al cinema, ci andiamo domani sera.

Attirata nella trappola Station Wagon Movie, Anna mi ha proposto, prima, un aperitivo. Appuntamento nella piazza accanto al cinema. Esco dalla metropolitana e mi accorgo che la piazza è molto, molto più grande di come me la ricordavo; c'è un giardino in mezzo, e io non so dove Anna mi stia aspettando. Faccio il giro di corsa: niente. Come odio gli appuntamenti in era cellulare! Ormai i telefonino-dotati danno delle indicazioni sempre più approssimative: non "Vediamoci alle 7", ma "Vediamoci verso le 7, poi ci sentiamo"; non "Vediamoci al bar, al ristorante, davanti al cinema", ma "Vediamoci all'incirca lì, poi ci sentiamo". Tanto, c'è il cellulare. E io, ormai rimasta una dei pochi umani senza telefonino, cosa faccio quando "tanto, c'è il cellulare"? Cerco un telefono pubblico. Come adesso. Perché Anna starà di certo guardando nervosamente l'orologio nel posto sbagliato, maledicendo le mie fobie, e io?

Vado a cercare un telefono. Qui in piazza: niente. Torno in metropolitana: ce ne sono due. Uno, come prevedibile, è rotto. L'altro non ha più la cornetta. Riemergo. Mi sembrava di aver visto un bar. Un tempo – nell'antichità – avevano un telefono pubblico. Ora no, però forse un altro bar, giusto dietro l'angolo... Corro: c'è il bar, c'è il telefono, ma è un nuovo, diabolico modello. Non ha le schede, prende solo monete. Io, ovviamente, in tasca ho cinquanta euro e la scheda telefonica. E no, non si può fare una telefonata con la carta di credito! Esco e torno in piazza. C'è un ragazzo che, anche lui, aspetta qualcuno. Sicuramente sarà dotato di telefonino... Lo abbordo e gli spiego che, ahimè, il mio cellulare è scarico (pietosa ma necessaria bugia), non è che potrei usare il suo? Squilla, Anna risponde... "Sono proprio di fronte a te: ma non mi vedi? È da dieci minuti che mi sto sbracciando..."

Sedute finalmente davanti all'aperitivo (l'unico bar della città che offre un sushi-aperitivo), Anna sospira.

"Mi devi promettere di non dire niente a nessuno, non lo sa neanche Olivia..."

Aha. Sta per confessare. Ora mi parlerà del suo ammiratore segreto. Non so bene come comportarmi, però. Cosa si fa in questi casi? Si giustifica un'amica, a ogni costo? O si cerca di convincerla a non mandare all'aria il suo matrimonio? Sono emozionata: è un momento topico.

"Allora: disastro vacanze. L'Innominabile ha un altro fidanzato."

Non capisco: sarebbe questa la notizia? Non dovevamo parlare del suo segreto, del suo corteggiatore (forse amante) clandestino?

"Scusa?"

"Sì, guarda, hai capito bene. E dopo che avevamo appena rifatto il calendario bambini-weekend! Niente. Ha mandato a monte tutto. E per chi? Per un ragazzino! Ti rendi conto? Ha una figlia di 12 anni… e un fidanzato di 24! Un imbecille, poi. Un texano che è qui a Milano a fare il modello, mastica chewing-gum e gioca con la Playstation tutto il giorno."

"E tu come fai a saperlo?"

"Indovina? Me l'ha raccontato Margherita, che ovviamente è entusiasta, anche perché ormai la sua razione di Playstation è illimitata. Pare che l'Innominabile abbia conosciuto il texano durante un casting, sai che lavora in un'agenzia di pubblicità, no? Ora lui si è piazzato da lei, e le vacanze sono saltate…"

"Con un ragazzo di 20 anni… Mi chiedo di cosa parleranno."

"Emma, sei sempre la solita. Di cosa parleranno? Perché, devono anche parlare? Non so se hai capito il disastro epocale che incombe sulle mie vacanze: l'Innominabile vuole fare un mese di sesso selvaggio con il texano e ci molla Margherita per tutta l'estate."

Presa in contropiede, svisceriamo l'argomento ("Ma è così di moda avere un fidanzato giovane!" tento io) e stendiamo un nuovo piano salvataggio-vacanze. E poi, ci provo.

"Sai, Annetta, pensavo che tu volessi raccontarmi qualcos'altro. Qualcosa, non so, di appartenente al genere maschile, alto uno e novanta, T-shirt nera e pantaloni neri..."

Anna mi fissa.

"Dai, ti ho vista l'altro giorno in Corso Como! Tu e Mister X, vicini vicini, gomito a gomito... E non mi hai raccontato niente: a me, la tua compagna di banco della I B!"

"Ah, lui!" Vedo che sta prendendo tempo. "No, non è nessuno."

Odio quando le mie amiche osano avere dei segreti. In amore, dirsi tutto è vietato: pena la noia o il divorzio. Ma un'amica! Un'amica è tenuta a raccontarti tutto. Soprattutto quello che avrebbe voglia di tenere per sé.

"Allora, chi è questo nessuno?"

"Vabbe'." Anna posa l'ultimo locale di sushi. "È il mio oculista."

"Anna, tu non hai un oculista, cosa stai dicendo?"

"Lo sai che da anni voglio fare il laser per la miopia." Già, il grande cruccio di Anna: due diottrie scarse, e un paio di occhiali che si ostina a non portare mai, tranne che per il Station Wagon Movie. "Però, tra la gravidanza, l'allattamento, ho sempre rimandato. E l'altro giorno sai di cosa mi sono accorta? Che non riuscivo più a veder bene neanche da vicino. Leggevo a malapena la pagina di un libro, capisci? È assurdo, non ho mica 50 anni! Due occhiali da vista? Ho pensato che ci dovesse essere qualcosa di sbagliato, che magari soffrissi di qualche disturbo particolare, e ho preso appuntamento. Lui mi ha visitato, e ha confermato: doppi occhiali. E pare che il laser non lo possa fare, sono uno di quei casi in cui il risultato è dubbio…"

"E allora?"

"E allora, niente. Niente operazione, dovrò portare degli altri occhiali."

"Non hai capito. E allora, cosa ci facevi in giro con l'oculista?"

"Mi ha offerto un caffè. Il suo studio è lì vicino."

Cosa si fa con un'amica che mente?

"Se non hai voglia di parlare, dillo, invece di provare a propinarmi una balla così eclatante…"

Anna riprende in mano le bacchette per il sushi. Le fissa con molta concentrazione.

"Non so se hai voglia di sentirla, questa storia. Comunque, pazienza, hai insistito tu. Allora: è davvero il mio oculista. Sono davvero andata a fare una visita. Mi ha davvero detto che sarebbe meglio evitare il laser. E che dovrò portarmi sempre in giro due paia di occhiali. E allora, a quel punto, non so cosa mi è preso… sono scoppiata a piangere. Sarà stato il caldo, la preoccupazione per quest'estate, Carlo che è sempre preso dai capricci dell'Innominabile e di Margherita, e anche quest'anno non riusciremo ad andare via da soli… Mi è sembrato tutto troppo. Mi sono messa a piangere e lui è stato molto carino. Mi ha fatto bere dell'acqua, mi ha calmato, mi ha fatto parlare. Parlare: ti rendi conto da quanto non parlavo con un uomo giovane e carino? Non esco mai se non con te o Olivia, Carlo arriva a casa tardi, la sua conversazione ha come argomento principe Margherita o l'Innominabile. O, tutt'al più, Viola. Il resto non gli interessa. E invece lui è stato così gentile, così galante. Dice che gli occhiali mi donano, che ho un modo così femminile di metterli, che è un peccato che non mi piacciano. Mi ha chiesto il numero di cellulare, mi manda dei buffi sms ogni mattina... È carino, è gentile, mi fa ridere. Mi piace."

"Anna, ma perché non dovevi raccontarmelo? Sono contenta per te. Un corteggiatore! Che c'è di male? Forse ne avevi proprio bisogno." Ho già innestato la marcia di www.sullettino.it: il flirt fa bene alla coppia che dura, un'amicizia affettuosa rimette in moto l'autostima e il desiderio...

"Allora, ho l'approvazione dell'esperta?"

Certo che Anna ha la mia approvazione. Non potrei che approvarla: è una mia amica.

Approvazione? Il consenso tra amiche è qualcosa di molto, molto sottile. Dopo anni (decenni!) di ininterrotto sodalizio ho cominciato a rivedere qualcuna delle mie idee. E sono arrivata a nuove conclusioni. Che valgono per noi tre, innanzitutto. Ma anche per tutte le altre "amiche di seconda scelta", come le chiama (perfidamente e ingiustamente) Olivia. Ovvero tutte le altre mamme e non mamme, sposate e spaiate, che ci gravitano intorno. Una costellazione di amiche.

Ci vogliamo bene, certo. E quindi ci sosteniamo, ci aiutiamo, ci supportiamo. Però…

Primo: è da tempo, ormai, che non cerchiamo più di farci cambiare – reciprocamente – idea. Soprattutto in amore. Vuole sbagliare? Che sbagli! Quante ore sprecate, con l'illusa di turno che sostiene che no, quell'uomo (l'ennesimo) è perfetto per lei, noi a dirle che è solo un cretino, e neppure simpatico. Tanto, a cosa serve? Conoscete un'amica che abbia cambiato idea perché voi siete state convincenti? No, certo. E allora, bocca chiusa. L'importante è esserci, assentire, seminare qualche dubbio ("Non mi piace? Ma no, cosa te lo fa pensare?") e poi andare a casa e telefonare all'altra (o alle altre), commentando la serata e facendo i pronostici più infausti. (Variante: anche se è vietato dalle regole, io torno a casa e racconto tutto al Consorte, tanto so che non mi ascolta e dimenticherà i dettagli più compromettenti nel giro di ventiquattr'ore.)

Secondo, più difficile: sempre compatire, mai assalire. Se sei un'amica (una vera amica), non è richiesto il tuo consiglio: ma solo ore e ore di ascolto, di "ah, davvero?", e di "è terribile" piuttosto che "non so come tu faccia a resistere…".

Terzo: chi non ce la fa più si "prende una vacanza" (dalle amiche). Questa è una trovata di Anna (la più insofferente) che a suo tempo ho lungamente criticato in ore e ore di telefonate con Olivia (se lo sapesse!). Il suo diktat: ho bisogno di respirare, niente più cinema né sushi, telefonate solo d'emergenza. Persino con noi, le amiche di prima scelta! Io e Olivia eravamo allibite: ah, che egoista, non è così che si fa, eclissarsi quando qualcosa non va bene, bisogna avere il coraggio di spiegare, i problemi vanno affrontati, le amicizie non sono a gettone... Poi, la prima a copiare l'idea sono stata io. Però ho eliminato anche le telefonate: non è meraviglioso avere una segreteria? C'è di buono che la "vacanza dalle amiche" è scaglionata: se Olivia si prende una vacanza da me, continuerà a vedere Anna, che continua a vedere me... Quindi il passaggio delle informazioni è assicurato. Fino alla prossima disintossicazione.

Così, mentre dopo il cinema torno a piedi a casa, non riesco a pensare che a una cosa: alla telefonata che farò a Olivia. Argomento: il nuovo corteggiatore di Anna, ovviamente.

8

Terapia ormonale: Radar anch'io

Finalmente, dopo quattro mesi in waiting list*, ci chiamano: è il nostro turno per la prima Fivet. Scopro che la terapia ormonale preparatoria dura circa un mese e mezzo. Scopro anche che non si tratta di pastiglie, come avevo sempre (erroneamente) ipotizzato, ma di iniezioni. Iniezioni? Ma la pillola anticoncezionale, anche quella a base di ormoni, è una minuscola pastiglietta… E, invece, in questo caso, ci sono solo ed esclusivamente iniezioni. Da fare in pancia, con dei piccoli aghi usa e getta "da insulina" (un passo in avanti, se non altro, rispetto alle siringhe giganti della mia infanzia).*

Allora, prima un mese di iniezioni per "silenziare" l'organismo. Poi, circa due settimane di ormoni mattina e sera, per aumentare al massimo la produzione di follicoli: non più uno, a destra o a sinistra, come vuole la natura, ma "quanti più ne possiamo far crescere". Attenzione, però: questo mese e mezzo di tortura non assicura che poi si arrivi davvero alla Fivet. Perché magari i follicoli non crescono bene, non sono della misura giusta, non sono ab-

bastanza, o magari ancora, attenzione, sono "disabitati". Ecco perché, negli ultimi quindici giorni, comincia il "monitoraggio".

Che vuol dire presentarsi, un giorno sì e un giorno no, in ospedale, sedersi (se c'è posto) nella sala d'attesa e aspettare di essere chiamate per la visita. Lì, a gambe larghe sul lettino, con due ginecologi (o presunti tali) sempre diversi ma con lo stesso entusiasmo di un meccanico malpagato, si viene "monitorate". Ovvero uno dei due smanetta con la sonda per l'ecografia e, chiacchierando di baby-sitter o di partite (a seconda del sesso) con l'altro, snocciola numeri (non ho mai pensato di giocarli al lotto, peccato!).

Appollaiata in una delle posizioni più scomode e imbarazzanti della vita, l'Aspirante Madre rinuncia presto a far conversazione. Di cosa dovrebbe parlare? Del fatto che mai così tanti sconosciuti, nelle ultime settimane, hanno avuto accesso alle sue parti più intime?

No, l'Aspirante Madre pensa ad altro. Pensa che c'erano una volta le ecografie fatte in gravidanza, le prime foto al bambino che verrà. E che sognava il momento in cui sarebbe uscita anche lei, dallo studio del ginecologo, con un ritrattino in mano. Illusa. Non sapeva ancora che la spia fotografica avrebbe immortalato – per ora – soltanto uova, uova, uova. Non una, ma decine di ecografie: quelle fatte per controllare la stimolazione ormonale. Con un incubo: quello dell'ipodosaggio (troppo pochi follicoli). O dell'iperdosaggio (troppi). Se tutto va bene, il ginecologo, temporaneamente tramutato in esperto-radar, dà i numeri: 16, 17, 20, 21... "Centimetri?" Chiede l'Aspirante Madre, che si sente la pancia piena di biglie. "Millimetri!" ri-

sponde sdegnato l'esperto radar. Ma la sensazione-biglie non cambia.

Olivia finalmente è partita per la sua barca a vela di soli single. Non prima di avermi fatto passare un'intera serata da lei ("E, già che vieni, potresti per favore portare una lampada da casa?") per aiutarla a preparare la valigia.

Non che Olly abbia mai avuto bisogno di aiuto: era lei, casomai, che nei nostri viaggi insieme mi sgridava sull'argomento bagaglio. Perché portavo sempre troppo, perché avevo un solo paio di scarpe (e non nel loro apposito sacchetto), perché i vestiti non si piegano così (e come si dovrebbero piegare, in uno zaino?), perché lo shampoo non va messo insieme al resto, altrimenti potrebbe aprirsi e rovesciarsi (cosa che regolarmente succedeva)... E i libri? Olivia ne portava uno, in genere cinquecento pagine scritte piccole piccole (di tutto, da *Anna Karenina* al *Signore degli anelli*), e lo distruggeva man mano che lo leggeva, strappando via le pagine e alleggerendo il malcapitato volume. Io soffrivo. Soffrivo due volte: perché mi faceva male al cuore vedere come trattava i libri, e perché io invece avevo i miei soliti cinque-sei romanzi irrinunciabili, che sottolineavo e volevo assolutamente riportare a casa, e che di solito finivo a metà vacanza. A quel punto cominciavo a elemosinare libri da altri turisti, cercavo di cavar fuori qualcosa di leggibile in un bar della Corsica o in una stazione ferroviaria in Ungheria. Subivo, comunque, le lezioni di bagaglio di Olivia (già allora aveva cominciato con i suoi "Tu non capisci", anche se allora erano più discreti e interrogativi: "Non capisci?"). Finché, una volta, in un'isola (allora sperduta) della Grecia, quando dal fondo dello zaino tirai fuori miracolosamente un vestitino ancora pulito (essenziale, perché avevo adocchiato un ragazzo tedesco che mi piaceva), Olivia mi fece una scenata. Rivalità? Aveva adocchiato anche lei lo stesso ragazzo? Non credo: uno dei motivi per cui noi tre andiamo d'accordo è che in campo maschile abbiamo sempre avuto gusti diametralmente opposti. No, credo che fosse stupita di come dal fondo del mio zaino caotico riuscissi (a volte) a tirar fuori la cosa giusta nel momento giusto. E arrabbiata: questo smentiva le sue noiosissime lezioni.

Ma era la preistoria della nostra amicizia. Adesso improvvisamente era Olly a richiedere una consulenza-valigia. E, in effetti, ne aveva bisogno davvero. Credevo, conoscendola, di trovarla con la valigia già fatta, pronta per cena e chiacchiere. Invece la valigia – lo zaino – era ancora solo una voce nella lista del giorno. Per la precisione, non era ancora stato tirato giù dall'armadio. Olivia camminava avanti e indietro per l'appartamento, cercando di convincermi che non voleva partire. Anzi, che non doveva partire. Che era una pessima idea, che la barca di soli single sarebbe stata un disastro, che sarebbe venuta in barca con me e il Consorte ("Non ci provare neanche"), o altrimenti sarebbe rimasta a Milano a lavorare. Punto. Il tutto con trentadue gradi e il 90 per cento di umidità. Più il caldo delle candele. Verso mezzanotte siamo riuscite a comporre uno zaino presentabile per due settimane di vela; sono uscita dall'appartamento stremata, e convinta sempre di più che se l'operazione Riaggancia il Tuo Ex falliva, com'era probabile, bisognava assolutamente trovare un nuovo fidanzato a Olivia.

La Separata dell'Anno finalmente è partita e da allora mi ha chiamato in media una volta al giorno. La prima per dirmi che era arrivata, la seconda protestando perché aveva troppi costumi nello zaino, la terza per lamentarsi che non trovava il suo costume portafortuna, la quarta per chiedermi di controllare la sua mail ("Come mai nessuno degli ex ha ancora risposto?"), la quinta per spiegarmi che in serata sarebbero arrivati a Hvar e avrebbe finalmente rivisto Miro. La sesta (ieri) per dirmi che non avrebbe tollerato un giorno di più su quella barca di pazzi, che sarebbe sbarcata sulla prima isola e che avrebbe tentato di tornare: "Non so ancora se in traghetto o in aereo o in pullman, ma tu non ti preoccupare". La settima (oggi) per dirmi che sarebbe arrivata a Linate in serata: "Potresti venirmi a prendere?"

C'è di buono che Olivia, anche nella sua catastrofica versione separata, non piange mai. Quando è molto, molto agitata (negli ultimi mesi, sempre), si limita ad aumentare i decibel. Il Consorte, se è a casa, sa sempre se sto parlando con lei perché riesce a sentirla: la sua voce perfora la cornetta (forse anche perché la tengo sempre leggermente scostata dall'orecchio).

Comunque, la mia amica sta arrivando e vado a prenderla all'aeroporto con un regalo consolatorio. Una lampada, *of course* (presa dal mio Armadio del Riciclo, ma pur sempre una lampada). La serata, come prevedibile, è di nuovo un lungo monologo.

"Secondo te, in una barca di soli single l'obiettivo non dovrebbe essere soprattutto divertirsi? Non so, nuotare, prendere l'aperitivo ogni sera in una baia diversa..." si lamenta appena salita in macchina. "Invece no: più che una barca di single, era una barca di *velisti* single. E ci credo che fossero tutti spaiati, nessuna ragazza sana di mente resisterebbe accanto a loro."

"Se non altro saranno stati tutti dei bei ragazzi, atletici e muscolosi", butto lì.

"E chi li ha visti in costume? Avrò fatto il bagno una volta, per il resto eravamo sempre in navigazione. E in quanto agli aperitivi, prova tu a preparare un Aperol Sour con la barca inclinata e il vento forza sette. Gli unici cocktail che ho visto erano quelli che si preparava la neoseparata con cui dividevo la cabina. Aveva delle crisi di panico da manuale, e allora giù con fiori di Bach e antidepressivi; di giorno si arrampicava da un albero all'altro a controllare se il telefonino aveva campo, di notte mi svegliava per chiedermi se secondo me non avrebbe fatto meglio a tornare con il suo ex marito. Appena dicevo sì o no cercava di convincermi del contrario. Aveva solo me da tormentare: gli altri rilasciavano dichiarazioni esclusivamente sulla rotta."

E poi Olly dice *a me* che "faccio trama". Parla, parla... Interromperla è impossibile. Ci provo: "E Miro?

"Miro! Arriviamo a Hvar, tiro fuori la mia unica camicia di lino bianco per presentarmi al ristorante del padre. Galeb, al porto: ti ricordi, no? Ci sei stata anche tu. Ammetto, ero un po' emozionata. Tutto sommato era il primo ex che riagganciavo! Tavolini fuori, insegna, tutto uguale: c'era ancora quell'orribile acquario con dentro le aragoste. E le finte reti dei pescatori sul soffitto. Niente male, ho pensato: furbo il ragazzo, ha puntato sull'effetto modernariato, vero stile anni Settanta. Mi siedo, arriva un cameriere, mi chiede cosa bevo. Emma: era lui! Ti ricordi i muscoli, l'abbronzatura, i capelli lunghi sul collo, quella cicatrice sexy sulla guancia?"

Ricordo, ricordo... In effetti non era male.

"Bene, dimentica tutto. Muscoli: spariti. Abbronzatura: sparita; è pallido come un milanese che non vede il mare da un anno. Capelli: lunghi ai lati, una bella pelata in testa. Che orrore! L'ho riconosciuto dalla cicatrice. Volevo quasi scappare, mi sono alzata, ma lui mi ha afferrato per il braccio... Acciuffata. Altro che Riaggancia il Tuo Ex: sono stata io a essere riagganciata! E sai cos'era il peggio? Quell'aria così triste, da disfatta totale. Eppure ha il ristorante, si è sposato, la moglie è un medico, ha due bambine. Continuava a dire: 'Ah, sì, la vita è difficile'... Difficile cosa? E stavo aspettando *da lui* un consiglio illuminante sulla mia vita sentimentale?"

Diciamo, piuttosto, che Olly si aspettava un *repechage* romantico, magari una notte di sesso nostalgico... Ma mi guardo bene dal puntualizzarlo.

"Alla fine il consiglio illuminante gliel'ho dato io: quando ci siamo salutati gli ho suggerito di radersi i capelli a zero. E di farsi una lampada, visto che al mare non ci va più. Per l'immagine del ristorante, beninteso. Per il business. Non sapeva parlare che di quello. Sono salita a bordo in ritardo e i maniaci mi hanno sgridato, ti rendi conto?! Dovevamo fare una notturna, il mio turno era con la neoseparata, che mi ha dato il colpo di grazia. Si sporgeva fuori bordo con il telefonino per vedere se prendeva, e appena si riavvicinava al timone riattaccava a parlare del suo dilemma: torno con lui o no? Ammetti: non avevo scelta. O passavo anch'io al cocktail benzodiazepine-fiori di Bach, o sbarcavo. A pensarci, però, un errore l'ho fatto: potevo farmi dare il numero del suo ex. Magari non era male e la toglievo per sempre dall'impasse."

Olivia ride. Forse è la stanchezza, forse è la disperazione, forse l'ha preso davvero il nuovo cocktail della separata. In ogni caso ride: non tutto è perduto. Finiamo la serata a cercare le foto di Miro "prima che impallidisse" e rabbrividiamo pensando al possibile disastro-*beauty* degli altri ex.

E Anna, in tutto questo? Scomparsa. Risponde al telefono, sì, ma è sempre (stranamente) di fretta. Comincio a sospettare che si sia "presa una vacanza" (il lato più inquietante di quando ci si prende una vacanza dalle amiche è che non c'è mai nessuna comunicazione ufficiale: la colpevole deve capirlo da sola). Secondo Olivia si tratta solo dell'effetto flirt: sarà troppo occupata a scambiarsi sms iperglicemici con l'oculista e a sentirsi in colpa. Sono quindi contenta quando il suo numero riappare improvvisamente sul display del mio telefono, anche se sono le 8 del mattino e sono ancora a letto meditando sul fatto che devo alzarmi e fa già caldo: "Infradito piatte, una fila di strass e paillette rosa, suola in gomma. Numero 38. La descrizione non rende: sono bellissime. Presto, decidi, le vuoi o no? Viola, un attimo! La mamma sta parlando al telefono". È lei: è Anna e mi vuole ancora bene, visto che mi chiama dal mercato.

Anna è la sola mamma che conosco che riesce a evitare di andare ai giardini; quando porta fuori sua figlia, lo fa tra le bancarelle. È organizzatissima. Ha una mappa precisa, battagliera, di tutti i mercati di Milano, giorno dopo giorno. L'ho vista in azione: Viola serissima sul passeggino (ormai non si spaventa più) e Anna che palpeggia frutta e vestiti, contratta e compra (prevalentemente scarpe, ma in genere anche la spesa della settimana), e ogni tanto allunga una banana a sua figlia. Il bello è che a Viola sembra piacere; Anna, poi, sostiene che s'impara più della vita al mercato che ai giardini, e che sua figlia, da grande, la ringrazierà.

"No, scusi signora, queste le avevo prese io... Allora Emma, hai deciso? Guarda che me le stanno portando via, muoviti!"

Accetto. Tutt'al più finiranno nell'Armadio del Riciclo. Tanto Anna le avrebbe comprate lo stesso: se non trova scarpe per sé, le compra per gli altri. Per me, per Olivia, per tutta la sua famiglia, originaria e acquisita (a volte sospetto che potrebbe comprarle persino per l'Innominabile). E poi? In genere regala. Ma, visto il caroeuro, perché non trasforma la sua caccia alle scarpe in un lavoro? Tipo: una *personal shopper* specializzata in calzature. Prezzi da saldo. Potrebbe persino funzionare.

Certo, se invece di perdersi tra le bancarelle Annetta si applicasse al suo futuro professionale... Ma, lo so, è difficile trovare un lavoro che ci piaccia davvero. Meglio traccheggiare sperimentando i piaceri della vita domestica. O no?

Anche se, aprendo il computer per cercare il caso pietoso della settimana, mi dico che in fondo il mio lavoro da Casalinga Telematica mi piace. Soprattutto mi piace mettere il naso nelle vite degli altri. E, a ben pensarci, tutti i miei lavori precedenti non sono stati che un lento apprendistato a questo: ascoltare le storie altrui. Così come Anna va a caccia di scarpe (e sapori), e Olivia di trend (e in questo momento di un marito, o almeno di un fidanzato), io inseguo storie. E segreti. O meglio, mi capitano addosso. E questo è uno dei grandi misteri mai risolti della mia vita. Ho davvero – come ho sperato per tanto tempo – l'aria di una di quelle persone particolarmente affidabili, quei saggi individui a cui viene spontaneo raccontare tutta la propria vita? No, credo semplicemente che ci sia una gran voglia di parlare, e poche orecchie disponibili. Sarà per questo che Il Lettino ha tanto successo?

A volte, nei momenti peggiori della mia Vita in Vitro, ho addirittura pensato di autospedirmi una lettera. Così, tanto per vedere che effetto fa la mia vita, la mia grottesca e disperata ricerca di maternità, riassunta in una mail. Forse, di fronte al mio dolore, troverei un titolo e una risposta. Confesso: più volte l'ho cominciata, nella testa, quella mail. Ma non mi sono mai scritta. Forse non ho ancora toccato il fondo.

Intanto, però, posso toccare il fondo di questa giornata lavorativa, che finirà dalla Temibile Estetista. Appuntamento che non posso più rimandare, ma che, per sicurezza, ho messo alla fine del pomeriggio, tanto per non distrarmi.

Io odio andare dall'estetista. Così come odio andare dal parrucchiere. Anzi, di più. Ma mentre le forbici dell'*hair stylist*, da quando è stato sdoganato il look spettinato a oltranza, si possono evitare, il problema peli deve ancora essere risolto una volta per sempre. E sono convinta che solo il maschilismo della scienza abbia impedito di giungere a una soluzione. Un Einstein donna avrebbe trovato il modo di liberarci dalla ceretta (il che mi fa pensare: oggi che va di moda il maschio dal petto glabro, abbiamo qualche speranza?). Ma tant'è, per ora non c'è modo di evitare la Temibile Estetista.

Anche qui, come per la ricerca del Cappuccino Perfetto, ho fatto vari tentativi. Alla fine ho ripiegato sulla soluzione più semplice, quella sotto casa. Contavo sul nome, che mi sembrava innocuo: Centro estetico Carlotta. Pessima scelta. Le uniche estetiste di cui ci si può fidare, quelle che ti obbediscono davvero, si chiamano Rosy o Giusy. Carlotta, invece, potrebbe essere arruolata tranquillamente nello staff del Lettino, tanto è convinta che le sue arti estetiche risolvano tutti i problemi. Depilazione, certo. Manicure e pedicure. Ma anche massaggi, musica zen da mattina a sera (dopo un anno di frequentazione, sospetto che si tratti sempre dello stesso cd) e l'incenso onnipresente che lei chiama aromaterapia. Più tutte le novità con cui cerca di tentarmi, nonostante io vada sempre e solo per un motivo: la ceretta.

Carlotta comanda e basta. Ti guarda, propone, decide. Poi ti affida a una delle sue ragazze Ombelico Generation. E ogni volta devo supplicare: "No, non voglio nient'altro, solo la ceretta". Devo ammettere, però, che è testarda. Quando sono arrivata non intendevo muovermi di un millimetro (nel vero senso della parola) da quella che io ritengo l'unica ceretta sopportabile: mezza gamba. Con decolorazione della parte incriminata intorno allo slip. Ammetto, a me sembrava un'idea a dir poco geniale. Perché la pelle dal ginocchio in giù, si sa, è poco sensibile. Ma la ceretta inguinale? Perché sottoporsi volontariamente a una tale tortura quando esiste la decolorazione? Avevo stabilito questa pace armata dei peli con l'estetista precedente, ed ero così soddisfatta che già pensavo di brevettare l'idea. Decolorazione Bikini, anzi *Bikini Decoloration*, all'inglese: forse sarei diventata ricca. Forse. Perché Carlotta non ha avuto pace finché non mi sono arresa. Ha tentato in tutti i modi: "Così li rafforzi", "È assurdo, non vedi che sono biondi e tu non sei bionda?", "Non ho più l'acqua ossigenata", "Sei sicura di non voler provare a toglierli con il laser?", "Ci vuole troppo tempo: oggi non ce la faccio", "Non ho la ragazza adatta". È solo quando ho capito che ero diventata una leggenda tra le varie Carlotta's Girls ("Ah, è lei quella della decolorazione?") che, sfinita, ho acconsentito alla Ceretta Bikini. Solo d'estate, però. Quindi non si soffre più di un paio di volte all'anno.

Ecco la Temibile Carlotta che apre la porta del suo centro di torture. È così soddisfatta dall'aver vinto la sua battaglia personale contro la mia decolorazione che, non solo lo annuncia trionfante ogni volta ("Ti ricordi di quando volevi a ogni costo ossigenarti i peli?"), ma adesso insiste su altre, più stravaganti invenzioni. L'altra volta era il turno della porno-colorazione, ovvero ritocco del pelo pubico ("Va così di moda, non sai quante clienti me lo chiedono: sei sicura di non voler fare una sorpresa a tuo marito? Magari rosso, o blu, con una forma a cuore?"); oggi, me lo sento, ritenterà con la campagna protezione piedi ("È estate, non puoi andare in giro così").

Mi trincero dietro un giornale aspettando il mio turno e le sue minacce.

Dov'è la pagina dell'oroscopo? Tanto, come al solito, non ci sarà niente di interessante a proposito dell'unica cosa che m'interessa. Anche questo è bizzarro, lo metto nella lista dei misteri insoluti della vita: perché le astrologhe del nuovo millennio non si decidono ad aggiungere una nuova voce alle loro predizioni? Parlano sempre di amore e lavoro, lavoro e amore; con qualche piccola variazione su salute e carriera, e, le più audaci, sesso.

E i bambini? Perché non posso leggere consigli tipo: "Leone, questo sarà l'anno della cicogna"? Oppure: "Scorpione, quest'estate tutti gli astri sono contro, rimandate i progetti di maternità all'autunno". O ancora: "Il passaggio della Luna di questo mese è particolarmente propizio al concepimento, approfittatene". Diamine, proviamo a dare un po' di speranza alle Aspiranti Madri. All'inizio cercavo di leggere messaggi reconditi dentro "salute" oppure "progetti di coppia", poi mi sono arresa. E tra un po' smetterò anche di leggere l'oroscopo. Tanto, è inutile.

La Temibile Estetista è al telefono, e mi fa cenno di passare direttamente nel camerino delle torture. Eccola che arriva. "Visto che stai per andare in vacanza, volevo proporti di depilare anche l'interno coscia", comincia.

"Non ci penso neanche", taglio corto. Sapevo che ci avrebbe provato.

"Guarda, è una nuova cera alla camomilla, è appena arrivata dalla Francia..."

"No."

"È gratis: un'offerta promozionale." Subdola, la Temibile Estetista; farebbe di tutto pur di prolungare la mia sofferenza. Anche pagare di tasca sua.

"No."

"Va bene, Emma, come vuoi. Io però ti avviso: evita di andare in spiaggia, sei scandalosa... E poi lo sai che mi darai ragione: ti ricordi di quando volevi decolorarti..."

"Ti prego, Carlotta! Ho avuto una giornata terribile."

È per questo che ormai ricorro al trucco di prendere sempre appuntamento di sera. Posso sempre dire che ho mal di testa, che è stata una giornata infernale, che devo correre a casa perché ho gente a cena. E di solito la Temibile Estetista, che a quel punto ha avuto davvero una giornata più stancante della mia, se non altro perché ha lottato senza tregua con le clienti, è più pronta a cedere le armi.

"Però la depilazione inguinale la facciamo."

"Certo."

La Temibile Estetista sorride, soddisfatta, e mi abbandona ai miei tormenti.

C'è poi un altro motivo, più sottile, per cui sono inquieta ogni volta che metto piede qua dentro. So, o meglio, sospetto, che anche Carlotta sia un'Aspirante Madre. Un paio d'anni fa, quando l'ho conosciuta, ci siamo scambiate il solito identikit delle più-che-trentenni (lavoro? Sposata? Figli?), e alla parola figli lei ha buttato lì, con noncuranza, che in effetti ci stava provando, ma che comunque c'era tempo, no? Io ho reagito come faccio di solito: sguardo nel vuoto.

C'è qualcosa di strano nella comunità delle Aspiranti Mamme. È un gruppo di anime in pena che non cercano solidarietà, o complicità. Anzi, se possibile, si evitano. Fanno finta di non aver sentito. Persino io, che amo tanto raccogliere i segreti altrui, di fronte al Dramma della Maternità mi tiro indietro.

Come se ognuna di noi volesse nascondere agli altri questo marchio infamante: non la A rossa di adultera, ma la A incisa nella pelle, bruciata a vivo sulla carne, di Aspirante Madre. Ben nascosta sotto le magliette attillate.

Mi sono spesso chiesta perché. Le neoseparate si vergognano forse del proprio status? Guardando Olivia, direi proprio di no: non vedono l'ora di parlarne. Magari anche per questioni di marketing; c'è sempre la possibilità che un'altra donna dica: "Un mio carissimo amico è separato, dobbiamo combinare!" Lo stesso vale per le amanti clandestine, votate al segreto, certo, ma che alla fine ti raccontano la loro storia con un brivido. Oppure le divorziate con figli, che si lamentano del marito; e le nuove fidanzate, che si lamentano dell'ex moglie...

Siamo solo noi, le Aspiranti Madri, a far finta di niente, a girare per il mondo evitando le strazianti confidenze di altre Aspiranti Madri, per poi magari scoppiare in singhiozzi da sole, nel bagno di un reparto maternità o davanti a una macchia di muffa sulla parete della camera di Barbablù.

Imbarazzo? Vergogna? Masochismo? O semplicemente la fuga da altre lacrime, dal reciproco compatimento, dalla voglia di piangersi addosso? Non lo so. So che io evito sempre l'argomento. E temo gli agguati. Quelli di altre Aspiranti Madri, o più in generale gli agguati della Vita in Vitro.

Hanno un bel sostenere, i medici, che lo stress è il nemico numero uno: non stressatevi e tutto andrà a posto. Facile. Un po' come dire a un depresso di non deprimersi (o di non deprimerci). Il risultato è immediato. Deprimente.

Tu cerchi, comunque, di non stressarti. Di non pensarci. Di scacciare dalla mente provette e monitoraggi. E quando riesci a dimenticare, per quella mezz'oretta, il cruccio della tua vita, cadi in un agguato.

Esempio. Giornata di sole, il mondo sorride dall'alto

di un nuovo paio di scarpe con il tacco. Voglia di frivolezze. Ecco l'agguato! È una vecchia collega, trasferitasi nel frattempo a Parigi, che ti sbarra la strada per raccontarti tutte le sue peripezie con le cliniche per la sterilità francesi... Racconto horror che termina in un singulto ("Sai, io e lui ci siamo incontrati troppo tardi per avere figli") e si ferma giusto un attimo prima del precipizio ("E tu, niente bambini?"). È chiaro, la prescelta per le confidenze non richieste non poteva essere una mamma felice, no, è proprio l'Aspirante Madre, che a questo punto ha le lacrime agli occhi e traballa sulle sue scarpe nuove.

Esempio numero due. Giornata di pioggia, pomeriggio della domenica, meno male che esistono il piumone e un legal thriller di Scott Turow. Ah, finalmente, si parla di cose che non ci riguardano, delitti e giudici e avvocati e... Ma perché la protagonista dev'essere un legale tostissimo che è arrivata a 44 anni senza figli? E perché, parlando con il suo ex amore, deve raccontargli di terapie ormonali e di pianti ogni mese? Basta, fate fuori anche lei.

Esempio numero tre. Serata *women's only*, cinema con le amiche. Viene scelto il film perfetto, lo Station Wagon Movie per eccellenza, tratto da un romanzo iper-romantico che tutte abbiamo letto. Lui, poi, è un meraviglioso attore australiano tutto spalle e sorrisi. E allora perché, a tradimento, lo sceneggiatore inserisce un'Aspirante Madre che nel libro neppure c'era? E perché, dopo averla fatta rimanere incinta, le fa perdere il bambino e ce la mostra disperata in ospedale?

E poi ci sono gli agguati indiretti. Eccola qui, la Carlotta's Girl di turno che improvvisamente abbassa la voce. "Hai sentito?" annuncia con fare cospiratorio. "Pare che Carlotta stia lasciando il marito..." Lo sapevo. Questo è un altro dei miei incubi: non riuscire a rimanere incinta è un segno del destino, perché le coppie-che-non-riescono-ad-avere-figli poi finiscono per divorziare. Sterilità come annuncio inequivocabile dell'imminente divorzio.

"Emma, ho trovato il volo! Parto domani. Venite tutte e due a far la valigia con me, che vi racconto."

Olivia non è per niente abbattuta per la disastrosa avventura della barca dei single. Ha già trovato un volo per Formentera, per raggiungere un'amica neoseparata che, pare, si sta divertendo un mondo. Ma la serata-valigia, a quanto pare, le è piaciuta.

E c'è anche Anna! Allora è sicuro: non si è presa una "vacanza dalle amiche". Nella penombra di casa di Olly (la mia lampada è ancora l'unica presente), brandisce fiera le mie nuove infradito. Ne ha preso un paio uguale anche per Olivia, cercando di curarla dalla sua mania del tacco.

E Olivia, intanto, racconta.

Dei suoi preparativi per la grande festa dei design hotel, che si terrà a Milano a dicembre. Arriveranno direttori e proprietari di alberghi da tutto il mondo. "Ma non ho ancora deciso il tema della serata. A New York va di moda il *silent party*: vietato parlare, si comunica solo tramite bigliettini. Che cosa ne pensate?

Poi ci sono i *dark party*, assolutamente al buio, i camerieri girano con degli occhiali *night-vision*..." Bocciamo sia la festa muta che la festa buia ("Sei pazza?"), e Olivia arriva finalmente all'argomento clou: il Riaggancio dell'Ex.

Delusione. Greg ha fatto rispondere dalla segretaria (anzi, dalla *personal assistant*). Jean-Claude le ha scritto una lunga mail in cui dice che "ha molte cose da raccontarle" (ma vedo che Olly, ormai persuasa che lui sia gay, ha decisamente perso interesse). Klaus non ha risposto: è arrivata invece una mail della moglie (ormai ex), in cui specifica che farebbe molto piacere anche a lei mettersi in contatto con quel "vigliacco". Manca all'appello pure Felipe. E Robert, l'architetto di Capetown? "A dir la verità la sua prima risposta mi aveva fatto restare un po' male: figuratevi che mi chiedeva se ero proprio sicura di aver avuto una storia con lui! Ma poi ho capito che mi stava solo prendendo in giro. E adesso è passato agli sms, e devo dire che, anche se vive ancora in Sudafrica, l'italiano non l'ha assolutamente dimenticato, guardate che messaggi carini..."

Una delle cose che più mi stupiscono, della mia vita senza cellulare, è il vedere come le donne l'abbiano velocemente trasformato in un cassetto dei ricordi. Tengono sms vecchi di anni, frasi d'amore e (soprattutto) di corteggiamento... Il test rivelatorio? È a cena. I maschi appoggiano il telefonino sul tavolo, in una specie di gara fallica (ma qui vince chi ce l'ha più piccolo), mostrando con finta modestia l'ultimo optional video ("Sì, in effetti la qualità dell'immagine non è buona"). E le donne? Le Già-Mamme scattano a ogni squillo ("Scusate, dev'essere la baby-sitter"). Ma poi, lontane dagli occhi maschili, aprono anche loro il cassetto dei ricordi, con gli sms più incredibili.

Devo ancora capire come "Fatto!" possa avere una valenza romantica, ma la ragazza che me lo mostrava era entusiasta: era il messaggio con cui l'attuale compagno le annunciava di aver (finalmente) lasciato la moglie. "Tuo padre è un ladro: ha rubato le stelle al cielo per metterle al posto dei tuoi occhi" a me fa rabbrividire d'orrore, ma il fortunato inventore ha fatto stragi, a giudicare dalla frequenza con cui l'ho visto amorevolmente conservato nei cellulari femminili.

E Olivia, cosa ci mostra?

"Dunque ci sei? Dritto dall'attimo ancora socchiuso?
La rete aveva solo un buco, e tu proprio lì?
Non c'è fine al mio stupore, al mio tacere.
Ascolta
Come mi batte forte il tuo cuore."

"Ma questa è una poesia della Szymborska!"

"Vedi: lo sapevo che tu l'avresti riconosciuta." (La frequentazione di poesia di Olly non è tra le più assidue.)

"Un uomo che legge e cita la Szymborska… Non è male." Non so quanto l'ottantenne poetessa polacca, premio Nobel, gradirebbe di finire in un telefonino, ma essendo una signora provvista di un certo sense of humour, secondo me non le dispiacerebbe.

"E gli altri messaggi?"

Olivia ritira velocemente il telefonino. "No, gli altri

sono… privati. Dai, smettetela, non vi posso far vedere tutto!"

Siamo già arrivate alla censura? Non ci posso credere. Mentre cerchiamo di farle capire che la nostra curiosità è più che giustificata, e che deve mollare la preda, squilla il telefonino di Anna.

"Niente, è un messaggio."

"Ma di chi? Non credo che tua suocera ti mandi degli sms per dirti che Viola sta bene. Su, dai, non è leale…"

"Se ci tenete tanto…"

Sul cellulare lampeggia un brevissimo:

"Sogni di zucchero."

Anna sorride. Mi sembra quasi – per quello che posso vedere nella penombra di casa di Olivia – che arrossisca.

È chiaro, è l'oculista. Non può essere che lui.

Dove ho già visto questa scena? Per un momento mi sento ancora in I B. Rivedo i diari di scuola con i bigliettini-melassa gelosamente conservati dentro. Rivedo Olivia che li classifica in ordine cronologico, divisi per fidanzato (aveva già la mania delle liste); mentre Anna, allora timidissima, ce ne mostra solo uno ogni tanto. Risento le lunghissime descrizioni di baci (bacia bene, bacia male: come facevamo a dirlo?), e rivedo un vecchio libro di poesie di Neruda a cui abbiamo tutte attinto per cercare parole per i nostri primi amori. (A proposito, dov'è? Mi sembra proprio di averlo prestato a Olivia più di vent'anni fa, possibile?)

"So che non c'entra niente, ma ti ricordi quel libro di poesie di Neruda? Sbaglio o te lo sei preso e non me l'hai mai restituito?"

Faccia colpevole di Olivia.

"Però, adesso non te lo posso proprio dare. Mi serve. Non vorrai che faccia brutta figura con Robert? Ho già sottolineato qualche verso che potrebbe andar bene, ad esempio..."

"Sottolineato! Sempre la solita! Ridammelo immediatamente."

Già al liceo mi faceva impazzire con le sue sottolineature. Odiavo prestarle i libri perché poi mi ritornavano con dei segnacci colorati e dei commenti a piè di pagina (alla fine glieli regalavo, talmente m'innervosivano).

Ed eccolo qui, il libro di Neruda. Con le temute, e dimenticate, sottolineature. Questi però sono graffiti "antichi". Olivia-nuovo-millennio ha rinunciato a pasticciare, vedo: ed è ricorsa a dei Post-it. Uno per ciascun verso prescelto... Vorrei commentare, ma non mi conviene. In questo momento m'interessa solo salvare il mio Neruda.

"Se non sbaglio, questo è l'unico libro di poesia che hai in casa e, fra l'altro, non vorrei proprio che tu ti sentissi in colpa, ma è mio. E poi sei sicura che vent'anni fa, quando hai incontrato Robert, tu non ne abbia già usato qualche verso?"

Colpita. E affondata. Il mio romantico libro perduto ritorna alla legittima proprietaria. Lo sfoglio. Bellissimi, questi versi. Sms ideali per una serata malinconica. "*Quante strade, amore, per giungere a un bacio...*"

Per un momento – un lunghissimo momento – sto quasi per capitolare. Voglio anch'io un telefonino. Voglio anch'io conservare messaggi-melassa e rileggerli quando nessuno mi vede. Però... chi me li spedirebbe? Il Consorte è già così taciturno di suo, non ce lo vedo a ricopiare frammenti di poesia, a scrivermi che i miei occhi sono come stelle.

Più probabile, visto il suo côté pasticciere, che gli ricordino dei bignè. E poi, vale lo stesso se i messaggi-melassa sono del partner legale? Forse il telefonino prevede un amante incorporato. Qui sta il problema: e se avessi bisogno di un Flirt, non di un'altra Fivet? Un corteggiatore potrebbe finalmente distrarmi da tutte le mie ansie da riproduzione. Penserei ad *altro* (non è questo che continuano a ripetere i medici?) e magari rimarrei incinta.

"Secondo te è una buona idea se mi compro un telefonino?"

È notte fonda e non riesco a prendere sonno. Il Consorte mi ha vietato di avvicinarmi "per almeno mezz'ora": sostiene che dormire con una pala sibilante a velocità tre e un termosifone acceso (che sarei io) non è possibile. Esiliata sul bordo del letto (ma solo per mezz'ora), tento di appassionarlo all'argomento.

"Non so, perché poi lo userei troppo, e sarei raggiungibile ovunque e da chiunque. Dici che ne ho davvero bisogno?"

"Emma, l'unica cosa di cui abbiamo bisogno in questo momento è un condizionatore. Come mai sei così sveglia a quest'ora?"

"Non riesco a dormire, qui, così lontana."

Con un sospiro di caldo, il Consorte cede e vengo richiamata dall'esilio. Una delle cose più interessanti del matrimonio (almeno per me), è che non devo più dormire da sola. Non ho intenzione di rinunciarci solo perché non c'è un filo d'aria in camera... Basta stare molto, molto fermi e far finta di essere a Bombay.

9

Stop & Pick Up: la raccolta delle uova

Dopo settimane e settimane e settimane passate a contare grammi, subire iniezioni e a stendersi sul lettino facendosi fotografare la pancia, arriva il momento cruciale. Se l'Aspirante Madre è perplessa, l'Aspirante Padre, in compenso, è entusiasta. Ha preso il controllo dell'operazione-iniezioni, è diventato abilissimo con aghi e fialette; da vero "aggiustatore", è contento che gli sia stato assegnato un ruolo tecnico, è fiducioso e incoraggiante. Lui ci crede, alla Cicogna In Provetta: è high-tech, come piace a lui. Gli piace anche il bollettino Nasa che ci aspetta adesso: Stop, Pick Up e Transfer. Primo step: Stop (ma sì, i medici, infervorati, parlano davvero così). Cioè stop al bombardamento ormonale, perché i follicoli ormai sono abbastanza grossi (biglie nella pancia, per l'appunto). Lo Stop arriva sotto forma di una superiniezione che il Consorte deve somministrare, chissà perché, a mezzanotte, come in un libro di Harry Potter. E, visto che era una parte del corpo fino a quel momento risparmiata, sul sedere. (Una volta il Consorte si è sbagliato nel preparare la pozione e mi ha iniettato una doppia dose che mi ha fatto arrivare il giorno dopo in ospedale barcollando, ma per fortuna ancora viva, pronta per nuove torture.)

Dopo lo Stop, il Pick Up: ovvero, dopo opportuna anestesia locale (c'è chi opta addirittura per quella generale), i follicoli vengono bucati uno per uno, e le uova "risucchiate". Si sente? Si sente. Si sente un oggetto misterioso che buca qualcosa esattamente all'interno della pancia. Si spera che finisca presto, e allo stesso tempo si spera di no, perché più follicoli ci sono, più uova vengono estratte, più possibilità ci sono di avere degli embrioni. Perché, meraviglie della scienza, nel frattempo il Consorte ha depositato l'altro prezioso ingrediente – gli Spermatozoi Lenti – in un'altra sala dell'ospedale (c'è anche chi, in preda a un delirio di partenogenesi, o forse di pazzia ormonale, si presenta da sola, lasciando il marito a casa: così almeno sussurrano le infermiere, nelle loro leggende in vitro).

Dopodiché, cara signora ormai trasformata in quasi gallina, si rivesta: può andare a casa. Le faremo sapere quando (e se) ci sarà il Transfer. Aspetti, tanto ormai è abituata.

Oggi mi prendo una giornata di vacanza. È uno dei piaceri che mi concedo in quanto Casalinga Telematica. Niente Station Wagon Movie di pomeriggio o shopping assatanato: oggi arriva la mia terza amica, l'amica viaggiatrice, l'amica itinerante, l'amica fotografa. Ma, soprattutto, l'amica tardiva.

Legata a doppio filo alle ragazze della I B, ho sempre pensato di avere la giusta quota di amiche: una quota che mi sarebbe bastata per tutta la vita. Anche perché attorno a Olivia e Anna gravita il "gruppo allargato": colleghe e conoscenti e cognate e vicine di casa e tutto un mondo di donne che vanno e vengono, raccontano i loro segreti e poi scompaiono, chiedono aiuto perché si vogliono separare (o non si vogliono separare), perché si vogliono sposare (o non si vogliono sposare), e poi, magari, ritornano a essere solo un numero di telefono.

Questo, finché non ho incontrato Agnese. È stata la dimostrazione che nella mia vita c'era posto ancora per un'amica; anzi, di più. È stata la dimostrazione che nella vita c'è sempre posto per un'altra vera amica; che conoscersi a 30 anni non è la stessa cosa che sedersi nello stesso banco di scuola a 14, ma c'è la stessa voglia di condividere, lo stesso stupore, la stessa riconoscenza. È come se qualcosa dentro di me si fosse dilatato, facendo posto a un'altra persona: ai suoi racconti, ai sogni, alla sua vita raccontata all'indietro. Quando era la sedicenne che non ho mai conosciuto.

Il che mi fa ben sperare: sulle sorprese della vita. Sulla capacità, spero, di trovare un'amica anche a 70 anni. Ma intanto c'è Agnese. Agnese che non vive qui (meglio, lontano dal pericolo gelosie o vampirizzazione delle due ragazze della I B). Agnese che è sempre in viaggio.

L'ho conosciuta quattro, anzi, cinque anni fa. Allora curavo le pubbliche relazioni per una casa produttrice di shampoo coloranti, che aveva sponsorizzato un'idea di Agnese: per una settimana, un parrucchiere avrebbe trasformato in bionde tutte le signore e signorine stufe del loro colore. Gratis. A patto che Agnese potesse scattare una foto del prima e del dopo. E a patto, naturalmente, che venisse usata quella certa marca di tintura: Blonde Ambition. Io ero stata mandata come "assistente" dalla casa produttrice, vagamente preoccupata di aver accettato un tale happening. È stata una delle settimane più divertenti della mia vita: non dovevo far altro che star seduta in un salone da parrucchiere, senza la preoccupazione che qualcuno volesse "intervenire" sui miei capelli (sono sempre molto, molto diffidente quando vedo avvicinarsi delle forbici), bere caffè, e chiedere l'autorizzazione alle malcapitate che entravano color-normalità e uscivano tutte dello stesso, fintissimo, biondo platino. Perché, e questo lo posso dire solo adesso, quella tintura sembrava uscita da un emporio dell'ex Unione Sovietica. Niente gradazione, nessuna parvenza di naturalità: biondo e basta.

C'era, certo, chi era comunque entusiasta: miracoli del "gratuito". Ma c'era anche chi usciva in lacrime dalle mani del parrucchiere, o rifiutava di farsi fotografare. Io, seduta, ogni volta assistevo ammirata a come Agnese riuscisse a calmarle, a farle scherzare, a strappare uno scatto sorridente e luminoso. Abituata al ciclone Olivia e alla riservatezza di Anna, non avevo ancora incontrato una donna così: così pacata, così tranquilla, così imperturbabile di fronte alle tempeste.

Con la stessa pacatezza, Agnese, l'ultimo giorno, decise di diventare bionda, pur sapendo di andare incontro a un disastro: "È per l'autoscatto", diceva. Ma sapevo (intanto, tra un caffè e la crisi di nervi di qualche neo-Marilyn insoddisfatta, eravamo diventate amiche) che lo faceva, anche lei, per lo stesso motivo delle altre Aspiranti Bionde: voleva cambiare vita. Per tutta la settimana, mentre le neobionde si sedevano speranzose davanti allo specchio, con le loro storie e i crucci e le ansie (che avrei dato non so che cosa per ascoltare), io e Agnese dibattevamo su un altro dei grandi misteri della vita (lo metto insieme alla Cesta Magica della Biancheria, di cui non si vede mai il fondo...). Ed è precisamente questo: una donna si taglia i capelli perché vuole cambiare vita, oppure ha cambiato vita e – per dimostrarlo a tutti – si taglia i capelli?

Quello che so è che l'Agnese di cinque anni fa ha cambiato colore innumerevoli volte (e pettinature, altrettante). Ha una specie di attrazione insensata verso i parrucchieri e, in qualsiasi città si trovi, si precipita a sperimentarne uno. Dice che è perché vuole cambiare vita ogni volta, perché ci sono troppe vite che vuole sperimentare, e forse è vero. In questi anni ha cambiato case e fidanzati; ha lasciato l'uomo che ha sposato e si è messa con un uomo sposato con un'altra; ha girato aeroporti e stazioni; ha messo tutti i suoi mobili in un magazzino e non li ha mai più ripresi; ha passato settimane con in tasca solo i soldi per il caffè, mangiando da amici, per poi invitarli tutti al ristorante il mese dopo.

Eppure, anche Agnese ha un figlio. Un figlio già grande, che ha 20 anni e studia all'università. Un figlio con una sua vita e un suo appartamento (comprato da un padre assente ma munifico) e un suo mondo. Un figlio di cui Agnese, spesso, racconta. Io ascolto. Stranamente, nella mia perversione da Aspirante Madre, un figlio di 20 anni è un argomento di conversazione interessante. Sono gli altri che mi fanno piangere: i figli all'asilo, i figli in culla, i figli in pancia...

Dopo Blonde Ambition (che, nonostante la disperazione delle neobionde, si rivelò un discreto successo), Agnese ha seguito altri "progetti", come li chiama lei: ed è bravissima, con la sua tenacia, a convincere anche sponsor riluttanti. Per "Mamme in Spiaggia" ha fotografato le "borse da bagno" delle mamme sulle spiagge italiane (sponsor, una casa di biberon che non si è neanche lamentata quando alla fine, in mostra, di biberon se ne intravedevano sì e no due); per "Dentro la Borsetta" ha fermato anziane signore in tutte le capitali d'Europa (sponsor, una casa produttrice di fazzoletti di carta; e devo ancora capire il nesso, perché le over 70 sono le uniche che circolano con fazzoletti di tessuto ricamati e ben stirati).

Ma da un anno Agnese ha lo stesso colore di capelli e lo stesso taglio. Dice che è troppo occupata per sperimentare nuovi parrucchieri, però io so (e lei sa) qual è il punto: un uomo più grande, una grande casa. E forse (questo glielo concedo) un progetto più ambizioso, che stavolta porta avanti da sola, senza sponsor (anche se non dubito che alla fine riuscirà a convincere qualcuno...). Il progetto si chiama "Fuori dal Quadro" e a me piace moltissimo (ma cosa non mi piace delle sue bizzarre imprese?). Ovvero: donne che guardano quadri dipinti da donne.

Per questo Agnese è qui a Milano, e io ho preso un giorno di vacanza: voglio accompagnarla al Poldi Pezzoli, il museo dove ha avuto il permesso di appostarsi davanti all'autoritratto di Sofonisba Anguissola. E scattare.

Per quanto mi ha permesso la mia Vita in Vitro, qualche fuga con lei l'ho già fatta. Vere boccate d'aria per un'Aspirante Madre, prigioniera delle sale d'attesa degli ospedali. Siamo andate insieme a Malamocco, nella laguna di Venezia, in una freddissima giornata di sole di novembre, a fotografare la pala d'altare di una pittrice del Settecento, Giulia Lama, mentre entrava una mamma con neonato in braccio, da far battezzare (e io avevo già il singhiozzo pronto in gola); a Losanna, dove circospette signore svizzere erano in fila per la nuova icona gay, Louise Breslau, autoritratta insieme alla sua compagna (e io soffrivo pensando che, per sopravvivere, aveva dipinto bambini per tutta la vita, proprio lei che non aveva figli); di nuovo in Svizzera, dove una ragazzina tardo-punk era incantata davanti al ritratto di un'altra ragazzina, la figlia di Berthe Morisot, dipinta in poltrona, con un vestitino da bambina perbene (potrò mai comprare un vestitino così per mia figlia?); a Roma, dove una nonna cercava le parole giuste per spiegare alla nipote, davanti a una tela di Artemisia Gentileschi, che cos'era un processo per stupro (e mia mamma, avrebbe mai fatto la nonna?).

Ma non c'ero, ahimè, nelle sue trasferte più divertenti: quelle che avrebbero significato saltare un monitoraggio, una visita, un'ecografia. Non c'ero, purtroppo. Visto il risultato. Non c'ero e mi sarebbe piaciuto esserci: a Città del Messico davanti a Frida Kahlo, a Santa Fe davanti ai fiori di Georgia O' Keeffe... Meno male, scherzava Agnese mandandomi le foto "di prova" via e-mail: chissà quante scuse avresti trovato per piangere su bambini perduti e maternità impossibili.

Lei, lo so, è contraria a quella che chiama la mia Prigione in Vitro. Dice che mi sto facendo del male, che mi sto infliggendo una violenza inutile; che dovrei essere grata di tutto quello che ho, rendermi conto che la mia vita è piena e ricca anche senza figli, e smetterla di ossessionarmi o mi perderò.

So che ha ragione, forse. Ma lei ha la sua arte, ha la sua pacatezza, ha le sue foto. E ha un figlio. Già grande, è vero. E quindi, secondo la mia inguaribile invidia delle mamme felici, non conta. Ma comunque c'è. Io mi sento vuota senza un figlio: sterile. Mancata. Inutile.

Agnese è già nel cortile del Poldi Pezzoli. All'ombra, carica delle sue macchine fotografiche. Controllo: i capelli sono ancora corti, sono ancora neri (caspita, questo taglio dura già da qualche mese...). Oggi, allora, ci aspetta Sofonisba, una delle poche (pochissime) pittrici italiane. Sconosciuta o quasi, come le altre. E anch'io, ammetto, prima che Agnese mi istruisse ricordavo vagamente solo il nome. Nata a Cremona alla fine del Cinquecento, Sofonisba non era certo una bellezza: il suo autoritratto, nascosto nell'angolo di una sala, è abbastanza eloquente. Le trecce avvolte sulla nuca, neanche un capello fuori posto; il colletto di pizzo bianco, stretto con un nastrino; il viso che non ha mai visto un'ombra di trucco, ma acqua fredda e vigorose strofinature. Eppure gli occhi, gli occhi sono allegri, confidenti, sicuri; un'ombra di sorriso, simile – adesso che la vedo da vicino – a quello di Agnese.

La parte che mi piace di più della vita di Sofonisba (a parte il nome, che trovo meraviglioso), è ovviamente quella romantica: dopo aver vissuto e lavorato come pittrice, anche alla corte di Spagna, sposò un nobile siciliano. Non era più giovane: aveva passato i 40, e per l'epoca era, praticamente, vecchia. Me la immagino, in qualche villa assolata e annoiata sulla costa siciliana, a dipingere, nelle ore in cui fa meno caldo; forse rimpiangeva la corte, le sorelle, i pettegolezzi, ma aveva l'amore. E trovo romantico, nella sua tristezza, anche l'epilogo: il marito morì in mare, il corpo non fu mai ritrovato. La tomba – estremo omaggio – compare soltanto in un dipinto, uno degli ultimi di Sofonisba.

Ci ripenso adesso, mentre la guardo: non sembra per niente offesa di essere esiliata lì, nell'angolo di una stanza di passaggio, tra una Madonna che allatta e un putto, proprio lei che non ha mai avuto figli (ma questo ad Agnese non lo dico: non ho voglia, non ancora, di affrontare il Solito Argomento).

I custodi ci cedono, grazie al cielo, una panca. Sospetto che l'attesa sarà lunga: in questa sala d'angolo non passa nessuno, tranne che per andare a vedere la collezione di gioielli antichi, una stanza più in là. Bellissima, fra l'altro. È lì che mi fermo.

"Che dici, secondo te Sofonisba avrà avuto una di queste collane?" Non dispiacerebbe neanche a me: globi d'argento uniti da un nastro.

"Speriamo di no", ride Agnese, "anche perché nel Rinascimento nei globi mettevano profumi e incensi, per nascondere almeno un po' l'olezzo dei vestiti. Non si lavavano molto, allora. Comunque, hai ragione: mi chiedo anch'io che gioielli avesse Sofonisba. Pochi, di certo."

Forse Agnese mi prende un po' in giro. Forse. La verità è che a me interessano molto – come dire? – i dettagli di vita quotidiana, più che i commenti dei critici d'arte. Dove lavava i vestiti Giulia Lama, che abitava in una calle veneziana a Santa Maria Formosa? Si pagava una lavandaia o se ne occupava da sé? Era Louise Breslau a cucinare, o la sua amante? E se avevano una cuoca, o magari una *bonne* di campagna in cucina, chi decideva il menu? Com'era la biancheria di Berthe Morisot? E le calze, erano di seta, erano ricamate?

Lo so, Agnese fa finta di darmi retta, ma poi non arriva mai una risposta. Forse dovrei lasciar perdere le richieste disperate del Lettino, propormi invece come coautrice di "Fuori dal Quadro", e dedicarmi a un po' di gossip di vita domestica dal Seicento in avanti. Ma a chi interesserebbe, a parte, sicuramente, me stessa?

Passa un'ombra in jeans, velocissima; ma è un uomo, e si ferma solo per dare un'occhiata ammirata alla Venere desnuda sulla parete di fronte a Sofonisba. Passa una coppia di ragazze americane, con la guida in mano, e vanno diritte verso i gioielli. Passano i custodi. Passa un'ora. Due ore.

"Senti, e se mi mettessi io davanti al quadro?"

Non è la prima volta che ci provo, da quando viaggio con Agnese. Nessun problema con le mostre, sempre affollatissime qualunque sia l'argomento; ma se si tratta di piccole chiese o musei, a volte ci capita di aspettare per ore e ore.

"Lo so che non vuoi barare; però, se mi metto io davanti al quadro, forse la gente s'incuriosisce e si ferma..." Straordinaria strategia di vendita.

"Dai, siediti. Non ti piace stare qui?"

Agnese ha ragione. C'è sempre qualcosa di confortante, al di fuori del tempo, nella sala di un museo. Mi siedo. Che silenzio, che pace.

"Forse, Agnese, sono stanca."

La mia amica con i capelli corti sa che non sto parlando del quadro. O della lunga attesa di uno sguardo per Sofonisba. Sto parlando della mia Vita in Vitro.

Ma non ho voglia di aggiungere altro, qui sedute insieme, nell'abbraccio dei quadri. Non ho voglia di dirle che mi sembra di non vivere più, di non esistere più. Quelle ragazze americane che sono passate prima... avranno 20 anni, giusto? Sono in giro per l'Europa, magari non hanno neanche un fidanzato, non sanno cosa le aspetta, cosa faranno: hanno tutto il futuro davanti. Ecco: io non mi ricordo neanche più cosa voglia dire avere un futuro. Un orizzonte. Cosa voglia dire vivere senza l'assillo delle iniezioni, del monitoraggio, l'angoscia delle mestruazioni... Non mi ricordo più com'ero, quando non desideravo un figlio. Non mi ricordo più che cosa si provi.

Con un brivido mi rendo conto che Agnese non sa, non può sapere quanto fossi diversa. Quando mi ha conosciuta avevo già quello struggimento nel cuore, quella tristezza che mi divorava dentro. Anna e Olivia lo sanno: mi conoscono da "prima", da prima che mi catturasse l'incantesimo, da prima che cominciasse la mia ossessione. Loro sanno com'*ero*. Ma io, me lo ricordo ancora?

"Emma, dovresti smettere. Prenditi una pausa..."

Smettere, smettere. Come faccio a smettere? Il tempo passa, scivolo verso i 40; molte delle cliniche contro la sterilità non fanno trattamenti per donne sopra i 43. Devo continuare a provare, devo. Non ho più molto tempo. Non ho più tempo...

"Ecco." Due signore elegantissime sui 60 anni (cosa fanno qui a quest'ora? Sono in pensione? Casalinghe Acculturate invece che Telematiche?), una col rossetto scarlatto e l'altra con un doppio filo di coralli esattamente della stessa sfumatura, arrivano dalla sala dei gioielli. Chiacchierano (non riesco a sentirle, sono troppo lontane), e si fermano davanti a ogni oggetto, ogni quadro, ogni anello: hanno, loro sì, tutto il tempo di questo mondo. Sì, si fermeranno anche davanti a Sofonisba. Uno sguardo al putto, uno alla Madonna, e poi doppio-filo-di-coralli si ferma e dice: "Ah, Sofonisba".

Agnese scatta.

Trasgredirò alle regole dell'amica fotografa e andrò a chiedere se sanno chi era la nostra pittrice. Mi piace l'idea che, dopo essere state immortalate "Fuori dal Quadro", lo sguardo delle fotografate si fermi, sulla tela, un'altra volta. E poi, è un piccolo tributo: Sofonisba se lo meritava.

Mezzogiorno. Agnese, testarda, non si muove dalla sua postazione. Vorrà rimanere di sicuro fino all'ora di chiusura; le servono ancora un paio di scatti, ancora qualche fan inconsapevole di Sofonisba. Io esco a prendermi un caffè. Freddo. Ordino un espresso e, a parte, un bicchiere con solo ghiaccio; mentre il barista mi guarda malissimo, io verso il caffè bollente sul ghiaccio. Delizioso.

Oggi non ho voglia di aspettare, neppure accanto ad Agnese, sotto lo sguardo di Sofonisba. Aspettare, ormai, mi mette in agitazione. Forse negli ultimi mesi ho passato troppo tempo in sale d'attesa in cui non voglio più entrare: quelle per Aspiranti Madri.

Ne ho viste tante. Quelle degli studi privati, dove tutte si guardano la punta delle scarpe e a malapena alzano gli occhi (paura di essere riconosciute? Di incontrare qualcuno in questo luogo di perdizione?). Sussurrano nel telefonino. Guardano nervosamente l'orologio (*tic, tac, sto per compiere 36 anni, 37, 38...*). Nessuna parla. Tutte Fanno Finta di Essere Altrove.

Solo quando ho cominciato a frequentare le sale d'attesa pubbliche, ho capito perché le pazienti "a pagamento" non si scambiano una parola: sono ricche abbastanza da potersi permettere uno psicologo personale (e, ahimè, ci vuole). Negli ospedali scatta invece il Gruppo di Self-Help Spontaneo. Unica via di salvezza che ho trovato: il Libro-Trincea, preferibilmente in lingua straniera (chi osa avvicinarsi se sto leggendo trecento pagine in inglese?), per scoraggiare tentativi di approccio.

Ma ascoltare è inevitabile e irresistibile. Ci sono quelle dell'Ultima Chance (Questa è l'ultima volta che provo, perché ho 40 anni, perché ho un problema di tiroide, perché è un incubo, perché lo faccio una volta e basta). Ci sono le Dilemmatiche (Ti fai da sola le iniezioni? Non è meglio chiedere a un'infermiera? Quanti grammi? Come mai hai una dose diversa? Quanti giorni stai a casa? E se fosse meglio starci una settimana?), le Depresse (Io allora cosa dovrei dire, sono rimasta incinta e l'ho perso, questa dottoressa è veramente scortese, e pensare che mia sorella ha già tre bambini) e le Ottimiste a Oltranza. Che di solito stanno zitte. Hanno paura che, aprendo bocca, il loro poco ottimismo svapori nell'aria della sala d'attesa.

Certe mattine la luce al neon è più impietosa del solito, e allora lo sguardo-scannerizzante è solo infastidito: questa è giovane (Troppo giovane, cosa fa qui?), vecchia (Terribile, ha già 40 anni, ma non poteva pensarci prima?), brutta (Mamma, quante donne brutte: i medici dovrebbero rifiutare la Fivet in questo caso: c'è il rischio di far nascere tanti bambini orrendi...).

Tutte, comunque – depresse e non –, finiscono nel grande faldone delle Aspiranti Mamme. Le cartelle cliniche dove sono imprigionati sogni e lacrime. Si finisce sempre per sbirciare quelle delle altre, se vengono lasciate incautamente in giro. E si viene punite, perché magari si incappa in quella un po' strana: è di un colore diverso, come mai? Oddio, perché è ingiallita dal tempo. Questa pazza continua a fare Fivet dal '98...

Non sono tanto persa nel mio autocompatimento da lasciarmi sfuggire una coppia che sfreccia davanti alla vetrina del bar. Esco, il caffè in mano. Anna. Anna e l'oculista. Di nuovo? Ma come, un altro appuntamento? Così, senza dir niente alle sue due migliori amiche? E poi, questo corteggiamento non doveva essere soprattutto fatto di chiacchiere, frivoli sms, dibattiti sul laser?

Vorrei rincorrere Anna e dare una bella occhiata all'oculista (e tanto peggio per il gioco di parole). Ma non posso. Perché non me lo perdonerebbe mai. E poi perché mi è preso un altro attacco di malinconia. Le amiche vanno difese, certo. A ogni costo. E qualunque cosa Anna decida, per me va bene (o quasi). Ma cos'ha fatto di imperdonabile il povero Carlo, a parte avere un'ex moglie, una figlia quasi adolescente, e passare più tempo in aeroporto che a casa? Ero così contenta quando Anna si è sposata; l'ho ascoltata e supportata moralmente nella sua ricerca estenuante delle "scarpe giuste", che è durata tre mesi, ed è finita con tre paia fatte su misura (perché la futura sposa, infine, aveva deciso il tacco e il modello, ma non sapeva optare tra tre nuance leggermente diverse). Quando ha detto sì, io e Olivia eravamo le uniche a piangere (Anna era scandalosamente raggiante). E poi Carlo, le rare sere in cui è presente e non si addormenta sfinito sul piatto, è un uomo affettuoso, tenero, amorevole. Da sposare.

E allora, cosa sta combinando Anna? Vuole anche lei deturparmi l'agendina degli indirizzi, far sì che io cancelli il nome di Carlo, disegni una freccia, tiri una riga sul suo indirizzo, ne metta un altro?... Proprio ieri, cercando un numero, mi sono persa nei meandri del mio carnet. Dalla A alla Z è un eccidio di coppie, un elenco di divorzi e separazioni; indirizzi provvisori, telenovele sentimentali dove l'unica cosa che rimane immutabile è il numero del telefonino.

No, devo vedere Anna. Prima che io parta per le vacanze, e prima che il flirt diventi incontrollabile. Le devo spiegare che la mia agendina non ha più pagine bianche.

10

TRANSFER: QUANTI NE VUOLE?

Dal Pick Up al Transfer passano tre, quattro, cinque giorni (dipende: ogni clinica ha il suo calendario dell'impollinamento). L'Aspirante Madre, ex gallina, futura chioccia, è in ansia. Possono chiamare da un momento all'altro e dire che la fecondazione in vitro non è riuscita (niente embrioni), oppure che c'è un solo embrione (e quindi pochissime possibilità che si "impianti"). Intanto si sente vuota, e pensa alle sue uova lì al freddo (farà freddo nel laboratorio?). Il procedimento è talmente surreale che sarebbe meglio non pensarci, ma cos'altro può fare una futura chioccia?

Finalmente arriva la telefonata. Bisogna presentarsi (stavolta il Consorte è facoltativo, precisa la cinica infermiera), rimettersi di nuovo il camice da ospedale, rimettersi di nuovo a letto in attesa della "chiamata" (ma c'è davvero una vaga allusione all'angelo dell'annunciazione, o è l'Aspirante Madre che delira?). Finalmente è il mio turno.

Per la mia prima Fivet, l'angelo si palesa con il camice

di una biologa, che si affaccia mentre sono già, come dire, "in posizione". È eccitatissima: "Sa, i suoi embrioni sono bellissimi! Volevo dirglielo di persona: meravigliosi! Difficile scegliere. Ne abbiamo tredici, di cui almeno nove con più di otto cellule, un vero peccato non poterli congelare!" Già: la legge italiana proibisce la crioconservazione (ovvero: il congelamento degli embrioni), quindi costringe di fatto a eliminare gli embrioni in sovrannumero (non potrei conservarli io a casa?). Non solo: il numero massimo consentito per il Transfer è tre (per evitare le cucciolate di sei gemelli che finivano sui giornali). Quello consigliato dai medici: due. E lei, signora, cosa vuole fare?

Già, cosa voglio fare? Io li vorrei tutti. Viene convocato il Consorte. Decidiamo: tre. Non volevamo forse una famiglia numerosa? Vengo trasportata fuori dalla sala in barella come in una puntata di ER *("Non si alzi, per carità! Non si muova!"), mentre l'infermiera del Transfer dice, sovreccitata pure lei: "Lei esce di qui già mamma!" Non posso non piangere. Sono ufficialmente una chioccia. E, soprattutto, in corridoio incontro un'ex Aspirante Madre ("È la Guglielmetti che è venuta a salutare!"), con un triplo passeggino e tre bambini biondi. Mi guarda, la guardo. "Fate ciao alla signora, bambini", dice la mamma Fivet, con il suo miglior sorriso di incoraggiamento. Sdraiata sul lettino, mentre le infermiere mi spingono via, faccio anch'io ciao ciao con la mano sentendomi incredibilmente felice. Sono sicura: è un segno. Avrò dei gemelli.*

E poi, comincia la parte peggiore. Bisogna solo aspettare. Se nel giro di dieci, quattordici giorni si ripresentano le mestruazioni, la Fivet è fallita. Altrimenti, potrebbe esse-

re che... (Io e il Consorte ce lo diciamo sottovoce, mentre io già penso a tre culle tutte uguali.)

I medici consigliano di riposare? E io riposo. Faccio la chioccia, immobile a letto. Ci sono momenti in cui sono, oserei dire, felice (tutto sommato, ufficialmente sono incinta, no? C'è un embrione, un bimbo in miniatura, anzi tre, nella mia pancia, giusto?). E poi ci sono momenti in cui ho paura. In cui la pancia mi tira, mi spinge, mi strattona e non capisco cosa mi voglia dire ("Stia tranquilla, signora, non vuol dire né che è incinta né che non lo è. Deve aspettare"). Ho paura persino di fare pipì (e se gli embrioni scivolassero fuori?). Ho paura, nonostante i fiori di Olivia e Anna, i dvd di film romantici, i pomeriggi sdraiata a leggere tenendomi una mano sulla pancia ("Così stanno più al caldo...").

Ho paura tutti i giorni, per dieci giorni. Finché arrivano le mestruazioni.

Ore 8 del mattino. Cerco a tentoni il telefono, rovesciando libri, penne, il bicchier d'acqua sul comodino. Chi mi chiama, disturbando il giusto sonno della Casalinga Telematica che non ha intenzione di alzarsi prima delle 9? Anna non può essere. È vero, è sua, di solito, la telefonata mattutina dalle bancarelle di qualche mercato. Ma la desaparecida è al mare con Viola, dopo aver rifiutato con i motivi più inconsistenti di vedermi, resistendo persino al sushi+cinema (sono sicura che stia succedendo qualcosa con l'oculista, e vigliaccamente lei non me lo voglia dire). E quindi, è matematico, saranno i miei genitori.

"Tesoroooo", mia madre urla, anche alle 8 del mattino. Ormai ha regolato il suo tono di voce sulla sordità, crescente, del babbo. "Partite domani, vero? Non ti ha detto mio genero che abbiamo chiamato ieri?" Non la sopporto quando fa la suocera modello. E questo vezzo orribile, "mio genero", dove l'avrà imparato? Suo genero, fra l'altro, non mi ha detto nulla.

"Se c'è il vento giusto, riusciamo a vederci esattamente tra una settimana. Noi stiamo risalendo la costa, voi scendete: appuntamento a Dubrovnik per cena!"

Incastrata. Dall'altra parte del letto arriva la voce del Consorte. "Emma, sono i tuoi genitori, sono sei mesi che non li vedi, non essere ingiusta."

Odio quando fa il buonista. Facile per lui: i genitori non li ha più. Perché, allora, non adotta i miei?

Lo so, sono stata fortunata. Finora. Il fatto di avere dei genitori eccentrici mi ha salvato dalla noia e mi ha dato un margine (invidiatissimo, ai tempi della I B) di libertà. Ma anche i più eccentrici dei genitori vogliono diventare nonni. E da quando (ormai secoli fa) ho avuto l'imprudenza di dire che sì, anche noi avremmo voluto un figlio ma che non arrivava, loro sono diventati ingestibili. Mia madre prova a fare la discreta: ma poi non riesce a trattenersi dall'elenco delle sue (fortunate) amiche e dei loro nipotini, dall'esibizione di foto che le suddette le hanno mandato, e quando si accorge di aver esagerato s'interrompe d'un colpo con uno: "Scusa, non volevo" (dura poco, perché ritorna sempre sull'argomento, come una calamita). In alternativa, racconta al Consorte episodi imbarazzanti della mia dorata infanzia, anche lì con esibizione di foto (ma dove trova lo spazio, in barca, per tutto questo archivio iconografico?).

Mio padre, grazie al cielo, è più trattenuto. Ma poi ogni tanto mi propone di fare una passeggiata, io e lui da soli, e ormai conosco a memoria il suo discorso: "Sai, io e la mamma siamo molto fieri di te, non devi farti un cruccio di non aver avuto figli, devi goderti la vita, tuo marito. Noi siamo contenti anche senza nipotini e poi, ricordati, sarebbero nipotini anche quelli adottati"... Il discorso in genere finisce qui, con io che ricaccio le lacrime in gola, e lui che dice: "Be', e se ti offrissi un aperitivo?" (È la sua frase preferita per chiudere ogni questione; una volta è riuscito a dirmelo nonostante la passeggiata di rito avesse luogo sul molo, a mezzanotte.)

Il Consorte, comunque, ha ragione: non posso sottrarmi all'incontro. E visto tutto quello che devo fare oggi, ultimo giorno pre-partenza, tanto vale alzarmi.

Che meraviglia, quattro settimane da soli in barca. Una barca "per pensionati", come la definisce, un filo sprezzante, il Consorte, ma a me va bene così: perché è quasi tutto automatico, dal rollo fiocco al navigatore satellitare, agli altri aggeggi di cui sono riuscita a *non* imparare il nome. E significa, quindi, che posso comodamente prendere il sole e disinteressarmi della navigazione. Non sono una persona molto sportiva. E l'unico tentativo di andare a vela su una barca "vera" è finito con me che piangevo a ogni attracco, gli equipaggi vicini che si mettevano comodi per godersi lo spettacolo, e dopo una crisi isterica durante una tempesta ("una *piccola* tempesta", sottolinea ogni volta il Consorte) siamo tornati a casa giurando "mai più". Ma poi, siccome il matrimonio è l'arte del compromesso, ne abbiamo trovato uno: anzi 12, 12 metri superaccessoriati (e assicurati) che affittiamo ogni estate. A volte ci raggiungono degli amici, e si imbarcano per una settimana; ma forse dovrei dire ci raggiungevano, visto che ormai tutti o quasi hanno dei bambini piccoli o sono "incinti"...

D'accordo, cambio argomento (uno dei problemi, mi sembra chiaro, dell'essere un'Aspirante Madre è che è molto, molto difficile cambiare argomento).

Inciampo nelle pile di vestiti che sto preparando per il mio mese in barca. Per quanto faccia, non riesco a partire leggera: ho sempre paura di dimenticarmi proprio quel paio di pantaloni che avrei voluto mettere, o di non avere un maglione se fa freddo (questo, mi rendo conto, è poco probabile), o di rimanere a metà vacanza senza libri da leggere (avete mai provato a intrattenervi con le carte nautiche?). L'ingombro vero, in effetti, sono i libri: tre romanzi per settimana più due "di scorta" (più o meno la stessa ricetta che per il risotto: un pugno per persona, due per la pentola). Il Consorte mi lascia fare: si è arreso davanti al peso della cultura. All'inizio era perplesso (un paio di volte mi ha sottratto il libro per interrogarmi: per vedere se stavo davvero leggendo, dice), poi è diventato orgoglioso ("Quanti libri hai già letto questa settimana, Emma?" mi chiede, come se fossi un fenomeno da circo), e infine rassegnato (anche perché ha capito che è un modo fantastico per neutralizzarmi, almeno in vacanza).

Dunque, allora: parei e costumi, lenzuola e asciugamani, libri e cerate, creme solari e piantina di basilico (sì, *anche* una piantina di basilico; com'è possibile, senza, fare il sugo?)... Ma c'è una cosa che manca. Quello che non vorrei mai più inserire nella mia lista della spesa, quello che cerco sempre di dimenticare: gli assorbenti.

In fondo sono loro l'oggetto più odiato dall'Aspirante Madre. Ogni mese mi trovo di fronte alla Domanda Scaramantica: ne compro o no? Non ce ne sono più, quindi è meglio fare una scorta? E se portasse male? Non sarà meglio non averne in casa? Cambio strategia ogni mese, cercando di prendere di sorpresa il nemico (le mestruazioni). Ma, ahimè, di solito sono colta di sorpresa io. Oddio, di sorpresa... Eppure sì, perché ogni volta mi stupisco: come, *ancora* le mestruazioni?

Ma stavolta non posso. Non voglio trovarmi in mare aperto, lontana ore di navigazione da un qualsiasi emporio di paese (e da una confezione di assorbenti, per quanto anteguerra).

No, stavolta esco subito di casa, supermarket all'angolo: li compro e non ci penso più. Sono davanti allo scaffale. Di solito li afferro come se scottassero, adesso tanto vale che studi quello che offre il mercato. Però... Qualche genio del marketing si è lanciato. Lo scaffale degli assorbenti è un trionfo di possibilità. Ci sono "con le ali" o senza, traforati oppure no (sembrano quasi ricamati), anatomici e persino... colorati. O meglio: neri. Li prendo in mano, non riesco a crederci. Vorrei capire cos'è successo. Qualcuno si è svegliato al mattino e ha detto: proviamo a vendere degli assorbenti *black*, nuova nicchia di mercato? E qual è il target? Signore monocromatiche che non vogliono un colore che stoni con la loro biancheria nera? Ragazze post-punk? E perché allora non rossi, a fiori, magari con un logo disegnato sopra per le fashion victim?

Sono così allibita che sto quasi per comprarli. Mi sembra appropriato: colore del lutto per l'unico appuntamento al mese che vorrei saltare. Poi, però, mi manca il coraggio. Li comprerò a settembre, per Olivia e Anna. Argomento di conversazione per una serata demenziale.

Visto che sono già fuori, faccio una piccola deviazione. Meta: il negozio di giocattoli più vicino a casa. Tra poco è il compleanno di Viola e, ovviamente, l'Armadio del Riciclo non contiene nulla di adatto. Ma, in ogni caso, non vi ricorrerei: voglio presentarmi con qualcosa di speciale. Che cosa, però? Su Olly non posso contare, avrà comprato qualche accessorio-design per bambini. Io, invece, vorrei un giocattolo, un semplice giocattolo, magari di legno, eco-compatibile, un giocattolo d'antan… Entro spedita nel negozio, e mi guardo intorno. Delusione. Sono l'unica cliente (forse è un po' presto, le 10 del mattino, per comprare bambole e trenini), circondata da un trionfo della plastica. No, qui non troverò niente. Sto per fare marcia indietro quando si avvicina, lesta, una commessa.

"Ti posso aiutare?"

Cominciamo male. Non sopporto le persone che ti danno del tu senza motivo. Credevo che il fatto di non avere più 20 anni mi avesse messo al riparo dal tu imperante ma, a quanto pare, l'Ombelico Generation prevede l'eliminazione del lei a ogni costo. È un incubo: ragazze per sempre.

"Sì, grazie, forse mi può aiutare..." La commessa mi guarda perplessa. Non è abituata a sentirsi interpellare con il lei. "Sto cercando un regalo per una bambina."

Almeno su questo sono decisa: non voglio robot, macchinine o camion. Credo fermamente nella differenza di genere, a partire dai giocattoli.

"Non un peluche", preciso, "perché quello gliel'ho già regalato, e non solo io. Ormai a casa ha un piccolo zoo."

"Allora, quello che ti ci vuole è una bambola!" propone entusiasta la tu-commessa.

"D'accordo, se mi può far vedere qualcosa..." continuo, senza speranza, nella mia lezione di bon ton.

"Ho proprio quello che fa per te." Tira giù da uno scaffale un ingombrantissimo scatolone. "È una novità assoluta: SuperBaby!" Ne estrae un bambolotto che assomiglia pericolosamente a un neonato.

"Guarda", mi spiega, sempre con il suo cinguettio entusiasta, "ha ben otto funzioni vitali. Succhia il biberon o il ciuccio come un vero neonato; dopo aver mangiato, fa il ruttino; sbadiglia e si addormenta. C'è anche la funzione mal di pancia, e per farlo smettere di piangere bisogna massaggiargli il pancino. Bagna il pannolino, usa il vasino, piange con vere lacrime e fa versetti. E poi, ti risolve anche il problema dei regali futuri: oltre ai vestitini, puoi comprare la carrozzina e il passeggino, la borsa per il cambio, il marsupio e un sonaglio a forma di pecorella..."

Ah, bene! Ma questo non è un regalo per Viola (che,

tra l'altro, per quanto poco io ne capisca di bambini, è ancora troppo piccola per un simile ritrovato). È un regalo per me. La Cicogna mi snobba? Benissimo: mi porterò a casa SuperBaby, il surrogato per Aspiranti Madri. E poi verrò direttamente ricoverata per maternità isterica.

"Grazie, è stata molto gentile, ci penserò."

"Ciao, e buona giornata!" trilla la tu-commessa. Buona giornata? Se non fosse che mi aspetta una vacanza, la giornata sarebbe più che rovinata.

Torno a casa e ho ancora un po' di tempo per dare una veloce occhiata al sito (io vado in vacanza, www.sullettino.it no). Ho selezionato le mail delle anime in pena e preparato le risposte: quattro, per quattro settimane.

Il mio caso preferito, tra i quattro che allieteranno il nostro pubblico ad agosto, è di una signora – guarda un po' – incinta. "Sono appena tornata da un lungo periodo negli USA dove avevo preso a noleggio una bella e comoda decappottabile; compreso nel prezzo, un autista di colore. Ebbene, da tre mesi sono in attesa del frutto della mia vacanza. Una vacanza in cui, come si può dedurre, mi sono molto divertita. Non mi pento di niente. Il punto è che ho 45 anni, una figlia di 25 (già sposata) e un marito di 60, noto imprenditore. Di mio marito non m'interessa, e lo scandalo se lo merita: da anni dice di essere impotente, ma io so che non è così. Quel che invece mi preoccupa è la reazione di mia figlia, una tale perbenista... Non posso neanche far passare il frutto della colpa per legittimo erede, perché sarà un cioccolatino!"

Però! Avventurosa, la moglie dell'imprenditore... Quel che più mi colpisce è il particolare della macchina con autista: cosa sarà stata, una Mustang, una Corvette? Sono certa che non sia una mitomane: ho capito, in questi anni di Lettino, che più una lettera sembra assurda, più è vera. E la signora si è cacciata in un pasticcio tale che non riesco neanche ad arrabbiarmi per la cosmica ingiustizia. Lei, già madre, rimane incinta a 45 anni, e senza colpo ferire! E se questa lettera fosse un suggerimento del destino? Dovremmo anche noi, invece della barca, noleggiare una macchina con autista (di colore, beninteso)?

Mentre rileggo l'eccentrica mail (e, ahimè, la mia poco eccentrica risposta), ne arriva un'altra dal Lettino. Quest'estate, infatti, nel sito abbiamo introdotto una novità: i Pensieri del Cuscino. Ovvero meditazioni non troppo cervellotiche di una psichiatra, un'esperta zen, un'esperta di alimentazione... Loro "meditano" e io, se possibile, correggo l'italiano e rendo le loro "pillole di saggezza" più leggibili.

La prima a cimentarsi è stata la psichiatra, che ci ha intrattenuto con i seguenti Pensieri del Cuscino, da domani on line: "Scegli la tua sindrome". Anch'io ho imparato qualcosa. Pensavate esistessero solo la sindrome di Cenerentola o di Peter Pan? Sbagliato. Io, ad esempio, che non faccio altro che rimuginare sul passato (e sulle mie Fivet), forse soffro della Sindrome dell'Uccello Stupido, un albatros che quando plana gira la testa all'indietro invece che avanti.

Dopo di lei, ecco i Pensieri del Cuscino dell'esperta zen, proprio quelli che sono appena arrivati. Leggo il titolo e rabbrividisco: "Fertilizzati!" Si parla di giardinaggio, di *garden therapy*? Macché, il sottotitolo è chiaro: "35 modi per ritrovarsi (subito) incinta".

Perché 35? Perché, spiega l'introduzione, a 35 anni comincia a ticchettare l'orologio biologico (però! Davvero originale). Seguono i 35 consigli. Innanzitutto, pare che l'Aspirante Madre debba fare attenzione a "non tradire il partner". In questo modo, sostengono dei non meglio precisati ricercatori australiani, si abitua il proprio corpo ad accettare lo sperma del compagno, aumentando così le probabilità di fecondazione (prodigi della natura: il Tgf-beta, contenuto nel liquido seminale, giorno dopo giorno convince il sistema immunitario femminile ad avere un atteggiamento "amichevole"). Ma, attenzione, è solo l'inizio. Poi bisognerebbe "non usare cellulari ed elettrodomestici" (perché l'esposizione ai campi elettromagnetici può ridurre la capacità di sviluppo dei follicoli), "scongiurare il suicidio dell'uovo" (l'inquinamento potrebbe attivare un gene, il Bax, colpevole del suicidio della cellula uovo femminile), "dormire al buio tranne nel periodo dell'ovulazione" (quando va tenuta accesa una piccola luce in camera, per riprodurre l'effetto Luna piena), "mangiare cibi fertilizzanti" (eccoveli qui: uova, ciliegie, noci e germogli di soia; oppure frutti di mare, legumi secchi, cereali integrali, che forniscono zinco)...

Già mi vedo, dormire con la lucina accesa ma solo in certi giorni, pregare affinché l'uovo non si suicidi (e se mi suicidassi io?), mangiare esclusivamente ciliegie, noci e cozze, e lavare tutto a mano (lavastoviglie e lavatrice sono vietate: troppe onde elettromagnetiche). Preferibilmente in una tenda nel deserto (per via dello smog), senza avere rapporti con il mondo (bandito il cellulare). Mi sembra una vita emozionante. La proporrò al Consorte. Per ora, clicco e dimentico: anche di questo, mi occuperò a settembre.

Infine, la telefonata di rito al Grande Materassaio. Buone vacanze (a lui che è sempre in vacanza) eccetera. Forse se chiamo io non avrà il solito ritaglio di giornale in tasca.

"Emma, stavo proprio per fare il tuo numero! Parti per le vacanze, no? Buona barca, riposati. Avevo qui con me un ritaglio, pensavo che forse ci potrebbe interessare per agosto..."

Come no. Del resto, è giusto: domani parto e devo soffrire fino all'ultimo.

"Intanto te lo leggo, poi vedi tu come utilizzarlo. Dunque..." Fruscio di carta. Non basta la tortura, adesso il maniaco della Fivet si è immedesimato così tanto nella parte, che deve anche impostare la voce, genere speaker della BBC. "Inghilterra. Una nuova strada per risolvere i problemi di infertilità delle coppie: la tricologia. Basta una sofisticata analisi dei capelli per scoprire quali sono i problemi che impediscono il concepimento, e tentare soluzioni naturali. Per questo è nato anche un sito specializzato..."

Benissimo. Mangerò ciliegie e cozze, e dalla mia tenda nel deserto manderò, via cammello, ciocche di capelli per farle analizzare. Anche di questo, però, mi occuperò da settembre. Vacanza!

11

Voglio diventare una Donna Beta

Come ci si veste per un Transfer?

Non avrebbe mai pensato di porsi questa domanda, l'Aspirante Madre. In tempi più allegri e speranzosi credeva che il concepimento (e tutto ciò che vi è collegato) sarebbe avvenuto, in tutta comodità, senza vestiti. Possibilmente in un letto. E invece no. Il concepimento avviene tra gli alambicchi di un laboratorio (meglio non pensarci), e se va tutto bene arriva il magico momento del Transfer.

E quindi, come ci si veste? Il quesito è fondamentale. Ci sono varie tattiche a seconda, appunto, del numero di Transfer a cui si è arrivate. Se è il primo, la scelta dell'abito è importante come per un appuntamento galante: è la ricerca dell'Oggetto Talismano, della Gonna Che Porta Fortuna (gli orecchini della nonna sì, il vestito Laura Ashley così vecchio che è diventato vintage pure, la stola per avvolgercisi dentro sì, il tacco no). Ci si crede ciecamente. Anche al secondo. Dal terzo Transfer in avanti, la Vestizione diventa complicatissima. Non più da primo appuntamento, ma da Salviamo un Matrimonio (gli orecchini della nonna no, è meglio l'anello regalato dal marito; il vestito vintage no, ci vuole "qualcosa di nuovo che porti nuovo". E se fosse così nuovo da non portare fortuna?). Rimane la stola: una piccola, preziosa coperta, dove avvolgersi, sia d'estate che d'inverno, per affrontare le sedie d'ospedale.

Allora, che cosa ci si mette per un Transfer?

All'improvviso tutte le altre Domande da Guardaroba diventano meno importanti.

E quante ce ne sono state! Che cosa ci si mette per andare a scuola? (Stento a crederci, eppure un'antica me stessa bambina si preparava i vestiti sulla sedia la sera prima, mutande comprese.) Che cosa ci si mette per una festa? (Il dramma era soprattutto per quella di Capodanno, che finiva sempre in un'overdose di lustrini e un pianto di delusione.) Che cosa ci si mette per andare a firmare un contratto di lavoro? E per un matrimonio (che sollievo quando è caduto il tabù delle calze-per-forza anche d'estate), per un funerale (come ci si aggrappa ai vestiti, nella confusione del lutto), per Rivedere un Ex, come sta sperimentando Olivia (variante: per Rivedere un'Ex Amica...)? Tutto questo in una vita normale.

Ma negli ultimi anni l'unico guardaroba davvero importante per me è quello per la Vestizione, che si spera sempre sia l'ultima. Per l'Ultimo Transfer.

*O, almeno, per l'*upgrading *a Donna Beta. Perché, se "per caso" le mestruazioni non sono arrivate nel giro di due settimane, ci si presenta in ospedale "per le Beta". Ovvero un esame del sangue (all'alba, per favore, le Aspiranti Madri non devono indulgere in pigrizie) che con-*

trollerà se il corpo sta producendo "Beta", e quindi se la gravidanza è (quasi) avviata.

Al terzo Transfer, passano (col cuore in gola) i giorni previsti, e mi presento in qualità di Donna Beta. Vengo sgridata perché sono in ritardo, ma sono stata mezz'ora a cercare di ricostruire com'ero vestita per il Transfer. Non volevo uscire senza indossare esattamente lo stesso vestito, le stesse calze, gli stessi orecchini (il Consorte mi guardava, ammutolito). L'infermiera è una donna gentile con una lunga treccia, sorridente e post-hippy. "Allora, che cosa le dice la pancia?" Non riesco a rispondere perché ho le lacrime agli occhi. Al terzo Transfer, trovare qualcuno di gentile in ospedale basta per farmi piangere. Già, cosa mi dice la pancia? Io alla pancia cerco di parlare, ma non so se mi ascolta. E questo mi fa ancora più tristezza. Non capire cosa succede al mio corpo, non capire il mio corpo: come se improvvisamente fossimo due cose separate. Cosa mi dice la pancia?

La pancia, come al solito, non dice niente, ma l'infermiera a cui telefono nel pomeriggio mi dice l'unica frase che non volevo sentire: "Beta assenti. Vuole rimettersi in lista d'attesa?"

Il mare è un tranquillante. E, superato lo scoglio della cena con i miei genitori e con i loro petulanti amici-con-foto-di-nipotini, posso rilassarmi. Disintossicarmi. Alzarmi la mattina presto, in rada, e buttarmi in acqua nuda prima ancora di fare colazione (per scoprire proprio in quel momento che non siamo più l'unica barca ormeggiata nella baia, e gli altri natanti forse non avevano previsto uno show di nudismo col caffè). Godere della conversazione del Consorte (una decina di frasi al giorno, escluse quelle di manutenzione nautica). Dormire (anche se all'inizio mi sveglio ogni notte con l'incubo di aver dimenticato le iniezioni: sono così abituata a una Vita in Vitro, che mi sembra impossibile essere partita senza aghi e senza fialette...).

Finalmente in vacanza posso comprare l'insalata non lavata (sempre se la trovo: sulle isole, a quanto pare, ci sono solo pomodori), camminare scalza (almeno finché non riesco a posare il piede su dei ricci acuminati), e in generale rimpiangere di fare una vita inscatolata in città, quando qui ho a disposizione mare e onde e profumi della macchia mediterranea (e il Consorte che passa più tempo a studiarli che a dirmi frasi romantiche, ma pazienza).

Non mi manca nulla. Soprattutto non i giornali, il computer e le telefonate del maniaco della Fivet. Però, arrivata alla seconda settimana, c'è qualcosa che mi manca.

Le amiche.

Come al solito parto contenta di essermi liberata anche di loro. Poi, però, passata l'ebbrezza di non aver più nessuno che mi liquida con un "Tu non capisci", o il sollievo di non essere più svegliata da una compratrice folle al mercato, comincio ad aver voglia di chiacchiere. Olivia sarà ancora a Formentera o avrà già cambiato programma? Come starà andando l'operazione Riaggancia il Tuo Ex? E Anna, adesso che è nel suo esilio ligure tra focacce e ombrelloni, avrà voglia di raccontarmi qualcosa di più sull'oculista? O magari l'avrà già dimenticato?

Comincio a ronzare intorno al Consorte.

"Senti, mi chiedevo..."

"No, ero io che mi chiedevo quando saresti arrivata a domandarmi il telefonino. Stavolta hai resistito dodici giorni, brava!"

Insolente. Non può proprio perdonarmi la richiesta numero uno della vacanza: telefonino spento. Da quando esistono i cellulari (e da quando i cellulari, ahimè, "prendono" anche in mare aperto o fra i ghiacci della Groenlandia), la mia battaglia per una vacanza senza interferenze è sempre più difficile. Non riesco a capire il desiderio, anzi, la necessità patologica di essere sempre collegati con il resto del mondo; di mandare un messaggino quando sei a cena con l'amato bene, di essere raggiungibile anche dagli scocciatori, di essere sempre, insomma, non in due ma quanto meno in tre.

Prima, quando i cellulari "non prendevano", la vita in vacanza era semplice (a parte il fastidio di vedere il Consorte controllare in continuazione se "c'è campo"). Poi, la battaglia si è fatta più dura: "Tanto, basta tenerlo spento" (questa la risposta quando scoprivo il nemico in valigia, dopo che mi era stato promesso un intero weekend senza cellulare); "In barca ci serve" (perché, la cara vecchia radio di bordo non è abbastanza?); "Lo tengo acceso solo di sera" (proprio quando potremmo guardar le stelle?). Insomma, un tormento.

La grande soddisfazione del Consorte è quando, come capita adesso, mi vede capitolare. Visto che anche

Olivia e Anna sono sempre raggiungibili, la tentazione è forte: e dopo averle chiamate, in vacanze passate, clandestinamente con una scheda telefonica da introvabili cabine (ed essere stata sempre scoperta, neanche avessi un amante), adesso mi è consentito chiedere in prestito il cellulare del Consorte.

"Guarda che ci sono due messaggi per te..."

"E non me l'avevi detto!" (Fa parte dei divertimenti del Consorte, vedermi battagliare con il telefonino, suo e altrui.)

"Certo, se avessi il *tuo* cellulare personale..."

Gli strappo di mano il telefono e controllo: posta per me.

No, le mie amiche non mi hanno dimenticata.

Olivia è a Formentera ("Solo romani in giro col motorino"), ma grazie all'onnipresente Internet Point ha avuto notizie dell'ultimo ex da riacchiappare, Felipe ("Ti racconterò a Milano, preparati perché c'è da ridere"). Anna non è fuggita con l'oculista ("Qui mamma in spiaggia") e mi sembra tutto sotto controllo, o quasi ("zzzz: saluti da Carlo che dorme sulla sdraio qui accanto").

Amiche a rapporto. Digito a fatica i messaggi di risposta. A fatica perché non riesco a trovare il tasto che disattiva la maiuscola, e quindi SONO TUTTI IN MAIUSCOLO; e non riesco neanche a trovare il tasto per la punteggiatura, perciò, neofuturista, separo le parole con l'unica cosa che riesco a trovare, dei decorativi asterischi ***. (L'orgoglio mi impedisce di chiedere qualsiasi consulenza al Consorte.) Soddisfatta, posso tornare ai miei scogli e alle mie vele.

Come sono cambiata. Una volta partivo per le vacanze chiedendomi non tanto che *cosa* avrei visto, ma *chi* avrei conosciuto. I campeggi, gli ostelli, i treni, gli uffici postali, i bar, i traghetti: ovunque si poteva nascondere l'uomo della mia vita o, se non altro, il ragazzo dell'estate. Con cui guardare il tramonto. Ancora oggi, nei negozi per turisti mi commuovo a vedere le terribili cartoline con sole infuocato sul mare, piazze illuminate, skyline con la luna piena. Quante ne ho spedite! E quante ne ho ricevute. Non dal ragazzo dell'estate (fatemene vedere uno che confessi di aver comprato, di proposito, una cartolina con tramonto e vi regalerò la mia collezione), ma da Olivia o da Anna, con commenti svenevoli sui nostri batticuori.

Ora, invece, a parte il rito della cartolina-con-tramonto (compro sempre le più imbarazzanti per le ragazze della I B), tutto è cambiato. Non mi chiedo più *chi* conoscerò, ma *come* posso evitare di conoscere qualcuno. Già mi scoccia dividere con il cellulare il Consorte, devo anche dividerlo con altri turisti? E la barca, tutto sommato, mi sembra il modo più sicuro per evitare di stringere inutili amicizie.

Proprio come è successo stasera.

Siamo ormeggiati sul molo, e siamo solo in due: noi e un 12 metri con bandiera inglese. C'è una coppia, avrà più o meno la nostra età (i Quasi Quarantenni). Vorranno star da soli, no? Proprio non capisco perché devono invitarci a bordo per un aperitivo. Impossibile rifiutare: il galateo marinaro del Consorte non lo ammette.

Ho in mano un pessimo Kir Royal (come fanno degli inglesi a offrirti un Kir Royal? Non dovrebbero saperti preparare un Pimm's?) e cerco di mostrarmi interessata alla conversazione. Però, confesso, nonostante il mio malumore da idillio romantico infranto, i due britannici non sono poi così male. Lui è biondo, piccolo, tutto muscoli, ride di gusto. Ride, soprattutto, alle battute di lei. E, ammetto, lei fa davvero ridere. Tanto che quando ci invitano a cena non ho dubbi: accettiamo (anche perché la nostra cena prevedeva un'insalata, ancora da lavare, ovviamente).

Passiamo in rassegna i tipici argomenti da Quasi Quarantenni: lavoro, casa, viaggi... figli. Già, com'è che non è ancora arrivata la domanda fatidica: "E voi, niente figli?"

Gli inglesi mi stanno simpatici e quindi pensavo di tentare la mia nuova risposta: "No, purtroppo non ancora". In questi anni di Vita in Vitro ho sempre ringhiato "no" a qualsiasi sconosciuto mi facesse l'incauta domanda, ma ho capito che è peggio. Prima di tutto perché in genere mi viene da piangere, e poi perché non riesco a evitare la domanda numero due: "Ma non ne volete?"

Così, ho valutato varie possibilità (ho chiesto ad Anna di fare da pubblico per una prova generale delle risposte, ma si è rifiutata). Ho scartato la risposta più banale: non sono arrivati. Anche quella lamentosa: non possiamo averne. Vaga: no, ma ci stiamo pensando. Secca: purtroppo no. Bugiarda: sì, di figli ne abbiamo due. Bugiarda trasgressiva: no, non ne vogliamo. Aggressiva: perché, ho l'aria di una a cui piacciono i bambini? Meravigliata: no, per carità! Lacrimosa: no, ma ci piacerebbe tanto...

Dopo molte meditazioni ho rifinito questo capolavoro: "No, purtroppo non ancora". *Purtroppo*, e quindi per favore non fare altre domande. *Non ancora* (tocco scaramantico finale).

Invece la Quasi Quarantenne inglese non dà segno di voler affrontare l'argomento proibito. Proprio stasera, che mi sentivo dell'umore giusto per provare la mia nuova frase! Mi guardo intorno in cerca di indizi. Bambini, questo è sicuro, qui intorno non ce ne sono. E loro hanno quell'età indefinita che potrebbe nascondere tutto, anche due figli adolescenti depositati dai nonni (però, possibile che non siano mai stati nominati?). Oppure, potrebbero essere una coppia al Secondo Giro: neoseparati appena rifidanzati (con figli dai rispettivi ex). O ancora, lei potrebbe essere incinta (ma sarebbe incautamente in giro in barca a vela?). Altrimenti...

Altrimenti, certo, potrebbe essere una Coppia in Vitro. L'unica Coppia in Vitro dell'intero arcipelago, ormeggiata accanto a noi. Fantastico, potremmo confrontare metodi e medici e divertirci un sacco. Non c'è niente da fare: per sapere, devo chiedere. Ma voglio veramente sapere? Non possiamo far finta, per una serata almeno, che il problema riproduzione non esista?

No, certo che non possiamo. Mentre mi porto avanti, cercando l'equivalente di *purtroppo* (*"No, we don't have children yet"* è troppo secco, non rende l'idea; e se dicessi *unfortunately*?, *unluckily*?, *sadly*?), l'inglese sta facendomi una domanda. *And you?*, e mi guarda, con aria interrogativa. Ecco, lo sapevo, me l'ha chiesto.

"No, we don't have children yet", annuncio. *Unfortunately* è troppo complicato da pronunciare, *unluckily* è

inappropriato, *sadly* è troppo triste. *Not yet*, ripeto, certa che quel "non ancora" sia sufficientemente chiaro.

Lei mi guarda. I due uomini si girano. Nessuno parla.

"Joanna ti stava chiedendo se bevi ancora del vino, se deve aprire una seconda bottiglia..."

Arrossisco. Perché, perché ho questo pensiero fisso? Perché devo mettere in imbarazzo me e gli altri e rovinare una serata *international*?

"Anche noi non abbiamo figli", mi dice Joanna quando scendiamo dalla barca, per finire la serata al bar del porto. I due mariti sono avanti di qualche passo. Lei sorride. "Argomento delicato, lo so. Ci sono stata male per tantissimi anni. Sono rimasta incinta tre volte, e ho avuto tre aborti spontanei. Non riesco a portare a termine una gravidanza. C'è qualcosa in me che non funziona, i medici non hanno saputo dirmi di più... Ho pianto tutte le mie lacrime. Potremmo adottarli, certo. Ma io stessa sono stata adottata: come potrai capire, è una decisione troppo complicata. Così, abbiamo deciso di rinunciare. Non abbiamo figli, è vero, ma ci siamo trovati. Io ho lui, e lui ha me. Sai, non avere figli non dev'essere necessariamente una tragedia; e, in ogni caso, a noi due le tragedie non piacciono. La vita è troppo bella per passare il tempo a disperarsi, non trovi?"

Mi sembra un discorso un po' troppo studiato, forse anche cronometrato, visto che finisce proprio quando ci sediamo al bar. Sono sospettosa (è davvero convinta di quello che dice o se le facessi qualche domanda scoppierebbe in lacrime?). E, lo ammetto, anche un filo invidiosa (riuscirò mai anch'io ad affrontare l'argomento senza singhiozzare?). I mariti parlano, ignari, di vela. Sto valutando se valga la pena tentare di partecipare a un'interessantissima conversazione su meriti e demeriti del pilota automatico, quando il telefonino del Consorte emette un sibilo.

Gli lancio uno sguardo che spero risulti di sofisticato disprezzo. Possibile che non riesca mai, dico mai, a spegnere quel dannatissimo cellulare? Compongo mentalmente – in inglese – una frase all'altezza del *British humour* dei vicini di barca, quando vedo che mi allunga il telefonino: "È per te" (sbaglio o quello sguardo che mi sta rifilando è di sofisticato sarcasmo?).

In effetti c'è un messaggio, ed è per me.

"Cindy Lauper: 44."

Aha. Messaggio in codice da Olivia, che ha inventato apposta per me una sua lista speciale: quella delle mamme over 40, intitolata Restore Hope o C'è Sempre Speranza. Un elenco abbastanza nutrito in cui verrà inclusa, adesso, anche Cindy. La mia preferita è "Geena Davis: 46", detta anche Quella Che Ha Preso l'Ultimo Treno, perché dopo svariati divorzi e amori malriusciti, nel giro di pochi mesi ha incontrato l'uomo della sua vita (un neurochirurgo di origine iraniana, fra l'altro più giovane di lei e belloccio), si è sposata e ha avuto una bambina. Niente male anche "Helen Fielding: 43" (che sembrava ridotta a fare Bridget-Jones-per-sempre e invece ha catturato un ricco sceneggiatore americano a Los Angeles ed è prontamente rimasta incinta) ed "Emma

Thompson: 40" (la cui maternità tardiva ha fatto sì che le perdonassi il divorzio da Branagh). Scartata, invece, con grande disappunto di Olly, "Madonna: 42" (i secondi figli non contano).

E Cindy Lauper, dove l'ha trovata Olivia? Ricordo a malapena che era la ragazzina punk di *Girls Just Want to Have Fun*. *Bip*: messaggio numero due. Da cui si scopre che Cindy Lauper, ora cinquantenne, riapparsa con un album di canzoni jazz, si era ritirata dalle scene perché ha avuto, a 44 anni appunto, un bambino.

Bene. Cerco di scrivere che ammettiamo volentieri Cindy nel Restore Hope, digito affannosamente, schiaccio il tasto sbagliato e tutto scompare, maiuscole e asterischi compresi. Rinuncio.

"Buone notizie?" chiede Joanna, che sta osservando interessata tutta l'operazione. Non ho il coraggio di raccontarle di Restore Hope.

12

TEST DI GRAVIDANZA: MAMMA O NON MAMMA?

Tre Transfer e il cuore a pezzettini. Tre Transfer e non voglio sapere quanti embrioni non "utilizzati". Dopo ogni Fivet fallita bisogna rimettersi in lista d'attesa: perché ci sono altre coppie, perché la struttura è piccola, perché comunque il corpo deve "riposare" tra una cura ormonale e l'altra. Tutto questo, pensiamo, non succederebbe se fosse permesso mettere gli embrioni in freezer: così, decidiamo di andare all'estero.

Non è il solo motivo. Le regole del centro sterilità pubblico sono chiare: dopo tre Fivet fallite, bisogna lasciar posto ad altre coppie. O rivolgersi a una struttura privata. Ma a quel punto, non è meglio tentare la crioconservazione?

Ed è così che arriviamo da Clooney. La sera stessa del primo colloquio telefono entusiasta ad Anna e Olivia: la clinica è bellissima, luminosa, tutti sono gentili, e soprattutto c'è lui, il ginecologo che ci seguirà, che assomiglia a George Clooney, "ma un po' più magro". Olly è molto interessata: "Clooney come, scusa? Clooney giovane versione ER, *camice bianco in sala ospedaliera, o versione avvocato rampante con Catherine Zeta-Jones? In ogni caso, beata te. Visto che ti devi far mettere le mani addosso da qualcuno, meglio che sia un bell'uomo! E poi, informati se è sposato".*

Si ricomincia tutto daccapo, ma stavolta, non so perché, anche la speranza è nuova. Persino il Consorte è particolarmente positivo. L'ho beccato a parlare con Clooney, non di Spermatozoi Lenti e di suicidio dell'uovo, ma di vela e regate, con grande soddisfazione reciproca. Evidentemente tra "aggiustatori" ci si capisce.

Clooney, dopo il Transfer, mi manda a casa e mi incoraggia a fare "la mia solita vita" (quale solita? La mia vita da anni ormai è solo in Vitro). Comunque, è meglio che non stia immobile a letto, devo uscire, andare al cinema, fuori a cena... E niente Donne Beta. Niente ovuli di ormoni appiccicosi ogni sera, ma solo un'iniezione gigante dopo il Transfer.

"Mi richiami tra due settimane."

Avrà ipnotizzato gli embrioni? Forse. Perché dopo due settimane in effetti gli telefono, anzi faccio telefonare dal Consorte, perché non riesco proprio a parlare. Niente mestruazioni, cosa devo fare? "Ma come? Un test di gravidanza! Davvero non l'ha ancora fatto?"

Test di gravidanza. Pensavo che non mi sarebbe mai toccata quest'emozione. Io, un'Aspirante Madre, farò un test di gravidanza! Entrerò in farmacia e lo comprerò, così come se niente fosse! In realtà, non lo compro proprio. La farmacista, visibilmente sollevata (a ogni scatola di fialette ormonali che compravo, mi diceva, con aria di rimprovero: "Ancora?"), me ne regala due confezioni. "Prenda, prenda e mi faccia sapere..."

Non riesco ad aspettare il mattino, come raccomandano le istruzioni. Mi chiudo in bagno e provo subito. Più maldestra che emozionata, faccio pipì su tutto lo stick. Andrà bene lo stesso? Il risultato sarà valido? Aspetto, l'occhio all'orologio. C'è una strana macchia rosa, non è proprio la riga rosa shocking che si vede sul foglio di istruzioni... E se fosse un test difettato? Scaduto? Non ho il coraggio di dire al Consorte che l'ho già fatto, e ho sbagliato qualcosa. Non importa, ne ho un altro: aspetterò domattina.

Mi sveglio alle 6: credo che non sia mai successo in vita mia. Sono sveglia, sveglissima. E se fosse vero? E se fossi davvero incinta? Apro la confezione. Vorrei quasi chiedere assistenza al Consorte ("Scusa, mi aiuti a fare pipì?")... e se sbagliassi di nuovo?

Agisco. Aspetto. Linea rosa. Linea rosa! Mentre esco dal bagno travolgendo il Consorte (che stava aspettando dietro la porta, più emozionato di me) decido: lo incornicio, questo stick. La mia personale opera d'arte. La mia personale laurea da futura madre.

Sono davanti alla mia lavatrice e sono una donna felice. In parte, perché sono nel bel mezzo dei miei rituali da Ritorno dalle Vacanze. Il più purificatorio (anche nel senso concreto del termine) è il Trionfo della Lavatrice. Per un giorno intero (che dico? Per *giorni* interi) il mio bagno diventa una lavanderia, e la lavatrice sussurra carico dopo carico mentre lavo tutti i vestiti della vacanza. Sono bei momenti anche perché, essendo ancora caldo, riesco a lavare-asciugare-riporre sulla terrazza, senza dover ricorrere all'orrido Stendibiancheria Itinerante. Fiera, faccio un carico dopo l'altro, e mi sento molto come una signora d'altri tempi: lunedì, giorno del bucato (tempi non troppo remoti: ho scoperto, esterrefatta, che le massaie del Settecento lavavano una volta a stagione, e questo francamente mi sembra un po' poco).

Non è finita qui. Il Ritorno, in verità, prevede, la sera stessa del rientro a casa, altri tre rituali: Ascolto Segreteria (questo ormai non è più così divertente, da quando esiste il cellulare del Consorte), Svuotamento Cassetta della Posta e Adunata Piante.

L'Ascolto Segreteria è di poco interesse: ha chiamato il Grande Materassaio, e per fortuna non ha registrato messaggi imbarazzanti. Anche la Cassetta della Posta mi riserverà, già lo so, le solite delusioni. Grafomane convinta, sono riconoscente all'e-mail che ci ha riportato il piacere della corrispondenza (amorosa e non). Ma questo vuol necessariamente dire che la cassetta deve essere così sguarnita? L'unica che mi dà soddisfazione è Agnese, con le sue cartoline-quadro ("Sono davanti a Frida Kahlo, peccato che tu non sia qui con me...").

Stasera, dopo un mese di assenza, ecco dunque: banca, banca, carta di credito, cartolina-tramonto di Olly, carta di credito, multa, banca, banca, carta di credito, multa, multa... busta sconosciuta. Apro subito: un ex che si fa vivo? Un invito a un vernissage? Amici persi di vista? Partecipazioni di nozze, escludo: a meno che non comincino quelle del Secondo Giro.

La busta contiene una foto di tre bambini seduti, o meglio, appoggiati sul divano: anzi no, sono due bambole e un neonato, tutti e tre della stessa misura, con la seguente frase sconcertante: "Quale dei tre è il vero Cicciobello?" Capisco con orrore che si tratta di una partecipazione di nascita di una mamma estremamente creativa (e in ritardo, perché, se ho ben capito di chi si tratta, il neonato ha già l'età di Viola). La conservo per il museo degli orrori da mostrare ad Anna. Già, un museo degli orrori delle mamme felici, inaugurato con la torta di pannolini che abbiamo visto insieme in clinica. Però, Anna, ultimamente, non ha più voluto partecipare; checché ne dica, il suo flirt con l'occhiuto oculista la sta distraendo da molte cose, e non solo dalla caccia a un nuovo lavoro. Ormai, è sempre più sfuggente. Quando la sento, ogni argomento è un campo minato: "Preferisco non rispondere". Vabbe', meglio non pensarci. Ritorniamo allo Svuotamento Posta: bolletta, bolletta, multa...

Poi è la volta dell'Adunata Piante. Di solito il Consorte si precipita in terrazza anche se è notte fonda, per controllare con orgoglio le sue rose & C. (con la pila, come se fosse un esploratore in Amazzonia). Il mio territorio, invece, è il balcone, dalla parte opposta della casa. Lì procedo all'Adunata Piante sempre con un certo tremore. Il Consorte non perde occasione per sottolineare che *non* ho il pollice verde, ma io trovo le sue critiche decisamente parziali: quello che fa la differenza, secondo me, è che lui ha un molto invidiato impianto di irrigazione automatica. Il mio balcone, invece, per sopravvivere può contare solo sulla pioggia (inesistente d'estate) e sul mio annaffiatoio (quando me ne ricordo).

Per anni mi sono limitata a riempirlo di gerani: non perché li ami (anzi, li trovo particolarmente insulsi), ma perché avevo grandi aspettative sulla loro resistenza. Non li si vedono forse, in paesini sperduti in Grecia o nel Sud Italia, fiorire in vecchi bidoni dell'olio o in pneumatici usati? I miei gerani, invece, mi hanno tradito spesso. Non solo d'estate, ma anche d'inverno: un anno sono morti, completamente gelati (è vero che mi ero rifiutata di coprirli con un telo di plastica, così antiestetico).

Poi, da quando ho inaugurato la mia nuova Vita da Casalinga Telematica, ho deciso che era giunto il momento di prendere in mano la situazione. Balcone spoglio, avevo concluso, uguale sterilità: se non ero capace di far fiorire dei vasi, come potevo far fiorire me stessa? Così è cominciata l'operazione semina.

Una vera giardiniera semina, non compra: questo è chiaro. E stando a casa avrei potuto seguire passo passo la crescita dei miei germogli (e fiorire insieme a loro). Ma cosa compra una vera giardiniera? Essendo la mia vita ancorata ai libri, l'ispirazione non poteva che venire da lì: ed esattamente da *Elizabeth and Her German Garden*, della mia amata Elizabeth von Arnim. Dove Elizabeth, giardiniera ottocentesca di scarse attitudini, esattamente come me, si spreca in lodi per quella che è la vera benedizione per i pollici non verdi, ovvero il fantastico *sweet pea*.

Dunque, ho comprato svariate bustine di *sweet pea*, senza considerare che: a) in italiano ha il nome davvero poco poetico di pisello odoroso; b) non ho nessuna idea di che faccia abbia, né tanto meno quando spunti o quanto debba essere alto.

Il fallimento è stato chiaro in primavera. Spuntavano, sì, dei germogli, ma anche delle erbacce, e io, zelante, le strappavo, per accorgermi solo alla fine di aver praticamente tolto di mezzo tutti i timidi piselli odorosi. Tutti tranne uno, che non era affatto odoroso (forse semplicemente triste per essere rimasto da solo).

Quindi l'Adunata Piante sul mio balcone quest'anno è davvero misera: ci sono i vasi dell'ex pisello e una serie di Piante Profughe. Ovvero le azalee, le piante di ibisco e di melograno e gli altri fiori di cui vengo omaggiata in quanto padrona di casa, e che il Consorte rifiuta decisamente di mettere in terrazza perché "non c'è posto". Impietosita, ho allestito una sorta di campo profughi e spero che sopravvivano. E, improvvisamente, nel bel mezzo della sconsolata Adunata Piante, decido: quest'autunno tenterò, invece della semina, l'operazione bulbi. Sempre di germoglio si tratta, e l'importante è non perdere la speranza (come ci insegnano, del resto, anche se in un altro settore, le varie Geena e Cindy).

Finiti i rituali più domestici, si passa a quelli più mondani e più emozionanti. Come il Mutanda Day.

Per noi tre della I B è semplicemente una variazione del Giorno della Cartoleria: ovvero la spedizione per comprare quaderni, penne e diari. (Ah, il profumo della carta, dei quaderni ancora intonsi; le matite perfettamente temperate, le gomme... Insomma tutto quell'armamentario che tradisce fatalmente la propria età: no, non siamo della computer generation, i nostri segreti non venivano affidati ai bit ma alla carta. E agli sguardi lunghi delle madri, ovviamente.)

Ebbene, il brivido di comprare un quaderno nuovo è stato sostituito, adesso, da un altro brivido: quello della mutanda. Tutta colpa della lavatrice. Se gli uomini, infatti, in genere sono afflitti dal problema del Calzino Scomparso o Divorziato (chissà perché, uno finisce spesso ingoiato dalla centrifuga), noi donne siamo funestate dalla Mutanda Grigia e dal Reggiseno che Non Regge. Io e Olly una volta abbiamo provato a fare un monitoraggio: il ciclo esistenziale di una mutanda non supera i sei mesi, quello del reggiseno ancora meno. Dopo i sei mesi, nonostante lavaggi delicati, detersivo solo liquido che costa come un'eau de parfum, zero centrifuga, la mutanda semplicemente si disintegra. Certo, bisognerebbe lavarle a mano, come consiglia ogni volta la zelante commessa. Ma chi ha il tempo di farlo?

E, quindi, è stato istituito il Mutanda Day. Che in genere avviene a ora di pranzo, anzi, prima di pranzo (per presentarsi il più possibile *magre*), e preferibilmente al ritorno dalle vacanze, quando fa ancora piacere specchiarsi – abbronzate – in un camerino.

Eccomi dunque qui, con un'allarmante sensazione. Olly e Anna, infatti, mi sembrano stazionare in modo preoccupante nell'area Pizzi & Perizoma. Spero che non ricomincino. È da anni che tentano di convincermi a provare un tanga... È soprattutto Olivia a insistere; il suo primo regalo per Anna incinta è stato un perizoma pré-maman! (Anche se credo che Anna non abbia mai avuto il coraggio di indossarlo.)

Ma no, sono salva. Entriamo in camerino. Il rito del Mutanda Day prevede che si provino i capi selezionati insieme, proprio come facevamo a quindici anni. Solo che allora Olly non avrebbe tormentato la commessa ("È sicura che non ci siano più quei tanga con il fiocco dietro? Neanche con il pompon davanti? Ma è proprio sicura? Com'è possibile che li abbiate già venduti tutti?"), e Anna non avrebbe tormentato me ("Non capisco perché non vuoi, almeno una volta, provare le calze autoreggenti. Guarda queste: non sono bellissime? Dai, Emma, che c'entra che poi prendi freddo, non sei un'ottantenne!").

Ammetto: mi diverto. Sono quasi tentata di cedere e comprare qualcosa di assolutamente lezioso. Per anni (gli ultimi anni, quelli della mia Vita in Vitro), il Mutanda Day era diventato una tortura. Perché comprare della nuova biancheria, quando avrei dovuto spogliarmi principalmente in stanze fredde, per il beneficio di dottori e infermieri? Perché provarmi un completo di seta, quando nello specchio vedo solo una pancia stanca segnata dai lividi delle iniezioni, dai buchi infiniti di tutti i trattamenti ormonali?

Però oggi potrei provarci. Qualcosa di nuovo, d'accordo, ma cosa? Di sicuro non questo reggiseno che ha due enormi ragnatele tempestate di strass ("Il completino ragnatela è più adatto a te, Olly, almeno finché non riagganci qualcuno", sibilo), e neppure quello che ha per bretelle delle catenine di metallo ("Comodo per passare il metal detector"). Finalmente uno accettabile: "Prendo questo", annuncio, cercando di guadagnare l'uscita del camerino.

"Emma, questo non lo puoi comprare", mi dicono disgustate le mie due amiche. "È il tuo!"

Basta, rinuncio. Intanto il Mutanda Day sembra felicemente avviarsi verso il gossip. Io speravo si parlasse di uomini, invece, incredibilmente, l'argomento è ancora... lingerie.

Racconta tutto lei, la Separata dell'Anno, l'Agganciatrice di Ex. L'ex riacchiappato stavolta è Felipe: una piccola "deviazione" da Formentera.

"Sarei comunque passata a Barcellona... ero curiosa di vedere il nuovo design hotel. Però Felipe ha insistito perché dormissi da lui. E lì è successo qualcosa di strano..."

Sesso selvaggio con l'ex? No, questo non sarebbe strano. Un'improvvisa proposta di matrimonio? Cara Olivia, non ti ho mai dimenticato, sposiamoci?

No, la cosa sembra più complicata.

"Figuratevi che nella mia stanza – e doveva essere la camera degli ospiti – non c'era neanche un posto dove appendere un abito. Allora ho aperto qualche cassetto, ma erano tutti pieni. Ho guardato meglio. C'era una collezione intera di slip e reggiseni. Non esagero: cassetti interi. Peggio del Mutanda Day."

Biancheria. Oh, no, povera Olivia, dopo un ex diventato gay, un altro diventato trans! Persino Felipe, lo sciupafemmine spagnolo, non è quel che sembra... E si mette quei reggiseni di pizzo triplo che persino io mi rifiuto di comprare.

“E poi, che gusti! Certi tanga leopardati, un incredibile completo rosso di pelle, persino una sottoveste stile baby-doll... C’erano reperti degli anni Settanta.”

Non resisto.

“Olivia, quindi vuol dire che quando vi siete conosciuti, tu e lui... lui, già allora...”

“Già allora scopava in giro? Ma certo, ho sempre saputo di non essere l’unica. Però, che conservasse – anzi, rubasse – le mutande di tutte le donne che sono passate nella sua vita, questo no, non lo sapevo.”

Sospiro di sollievo. Mi sembra una perversione minore.

“Tutto catalogato?” domando. Mi sembra carina l’idea di mutande e reggiseni con etichetta allegata. Slip con cuoricini in rilievo di Anita, 1976; body panterato di Alicia, 1985...

“Figurati, è sempre stato disordinato. Io, però, ho ritrovato quel completino trasparente blu che mi piaceva tanto e che credevo di aver perso. Ti dirò, mi sono persino commossa.”

Non so.

L’idea di un mio paio di vecchie mutande archiviate a casa di un ex donnaiolo non mi commuoverebbe per niente, però mentre ritorno a casa continuo a pensarci, e ammetto: Olivia sembra davvero raggiante. La cura Riaggancia il Tuo Ex, in modo misterioso, sta dando i risultati sperati. Oppure sono le mail-melassa di Robert? E dire che non mi sembrava così zuccheroso, dieci anni fa.

Cerco le chiavi nella borsa, e trovo un pacchettino che non c'era. Un pacchettino di carta velina...

Dentro, un regalo. Un completo bianco, bianco panna, bianco latte, bianco nuova-vita. Mutande e non tanga, grazie al cielo, ma di pizzo morbidissimo. Un reggiseno che è un peso piuma. Le due ex quindicenni hanno colpito. Mi vogliono così, mi vedono così: di nuovo Emma. Richiudo il pacchetto. Devo decidere cosa fare della mia vita. Una scelta che forse passa (chi l'avrebbe mai detto?) attraverso un paio di mutande.

13

LA CARICA DELL'HCG

Per tutta la mattina non riesco a staccare gli occhi dallo stick con la sottile linea rosa. È il mio biglietto verso la maternità. Non ho mai visto niente di più bello, di più perfetto: un quadro di Mondrian, ma che dico, un'installazione alla Biennale… Continuo a tirarlo fuori e a rimetterlo nel cassetto, lo riguardo alla luce (no, non cambia colore, non sbiadisce). Cerco di convincere il Consorte a scendere in farmacia e comprare un'altra confezione, anzi facciamo due. Penso che potrei passare il weekend a fare test di gravidanza, e poi metterli tutti in fila. Forse anche appenderli sulla parete del bagno. Il Consorte si rifiuta di partecipare a questa pregevole installazione d'arte. Lo mando fuori con una scusa ("Mi è venuta un'improvvisa voglia di fragole", era da anni che volevo vedere che effetto fa pronunciare la frase dell'appena-incinta) e chiamo subito le mie amiche. Notizia! Notizia! Ma sarà vero? E se avessi visto sbagliato? Anna (diventata improvvisamente l'oracolo della gravidanza), dopo la mia decima descrizione della magica linea rosa, propone: e se andassi a fare le analisi in laboratorio?

E voilà. Eccomi qui, nel laboratorio dove sono venuta così tante volte, da Aspirante Madre, a fare esami del sangue, delle urine, ecografie, di tutto di più... Vorrei fermare chiunque incontro, dalla segretaria all'infermiera alla signora che aspetta con me, e dire: Sono incinta! Incinta! Anzi, mi guardo intorno speranzosa (possibile che non si capisca? Non ho il tipico viso luminoso di chi aspetta? Su, chiedetemelo...). Con il camice bianco che mi infilza il braccio non resisto, e comunico la buona novella (è un'allucinazione o mi sembra che dica "finalmente"?).

Il giorno dopo, telefono con il cuore in gola per avere il risultato. "Ma lei è in gravidanza?" chiede con aria inquisitoria la centralinista. "Veramente è lei che me lo dovrebbe dire..." propongo, già con un filo di panico. "Sì, in effetti Hcg 800". Momento di panico. So che l'Hcg è l'ormone magico che appare quando si è incinte, ma 800 è una buona o una cattiva notizia? Riformulo la domanda. "Sì, lei è in gravidanza", conferma sbrigativa. Nell'euforia le perdono anche l'elegante scelta delle parole che, più che altro, mi fanno venire in mente una mucca. Ma in questo momento chi ha tempo per le sottigliezze lessicali? È fatta: sono promossa. Fisso, esultante, un appuntamento con Clooney per la prima ecografia. Allora, succederà davvero... Finalmente, nel video non si vedrà una nebulosa di possibilità, ma l'inizio di un bambino: il mio bambino!

Oggi, vacanza. Me lo merito. Vacanza non pagata, sussurra la vocina della Casalinga Telematica... Ma, oggi, non m'importa. Oggi c'è il sole e mi sento in pace con il mondo.

Prima tappa, Princi, il mio nuovo indirizzo per il Cappuccino Perfetto. Hanno aperto, a pochi passi da casa, una Panetteria Design, dove si può anche bere il caffè. Detto così, non sembra granché. Ma io mi sono subito innamorata. Della lunga vetrina su strada, dove i panettieri (tutti muscolosi, sia detto per inciso) impastano e creano brioche e focacce, in una nuvola di farina. Del bancone design dove ordino il mio cappuccio, dei dolci appena sfornati, della lunga mensola di pietra dove appoggio la mia tazza... Sono lì, a guardare incantata il panettiere superstar che sta tagliando destramente dei filoncini alle olive, quando sento un chiacchiericcio familiare. Parole che conosco, fin troppo bene: Pick Up... Transfer...

Mi volto.

Due ragazze (due quasi signore) che posso identificare immediatamente: una Già Mamma e un'Aspirante Madre. La Già Mamma ha con sé le sue creature: doppio passeggino, con due bimbi arrivati, a quanto pare, uno dietro l'altro. Entrambi miracolosamente addormentati. L'Aspirante Madre... be', ha l'aria affranta e non fa che annuire, guardando fisso dentro la sua tazzina di caffè. Credo di conoscere anche il discorso che sta subendo: è il Coraggio C'è Di Peggio, con tutte le sue varianti.

"No, guarda, sei stata così brava, perché adesso vuoi lasciar perdere?" insiste la Già Mamma. "Certo, lo so, io sono rimasta incinta subito, appena il tempo di pensarci ed era già fatto."

Autocelebrazione, elogio della Fertilità Prorompente. Non mi sembra un grande incoraggiamento.

"Sì, hai ragione, quest'anno c'è stata un'epidemia: tutte incinte. Non facevi che entrare e uscire dai reparti maternità con un regalo in mano e, ammetto, nove neonati da visitare in pochi mesi è stata dura, però ce l'hai fatta, vedi?"

Nove amiche che diventano mamme nel giro di pochi mesi? Nove missioni suicide in ospedale, con collaterale dispendio di capitale in fiori e vestitini? C'è da meravigliarsi che l'Aspirante Madre sia ancora viva...

"Però, lo vedi, non bisogna mai perdere la speranza. Pensa a Camilla, c'è riuscita, no? Certo, ha fatto sedici Fivet, anzi diciassette, però alla fine il bimbo l'ha avuto! E Carolina? Non si è mai persa d'animo. Neanche quando le hanno detto che il suo era un problema di resistenza ovarica. Neppure quando ha saputo che il marito soffriva di azoospermia: poveretto, non uno spermatozoo! Adesso sono in Spagna, provano con l'eterologa. E, credimi, andranno fino in fondo. E la mia compagna di stanza in clinica... te la ricordi, no? Anche lei, Fivet. Certo, è rimasta incinta di due gemelli e il primo non ce l'ha fatta, era anacefalo; ha dovuto passare gli ultimi sei mesi in osservazione in ospedale, però alla fine uno poi è nato..."

Guadagno l'uscita prima che l'Aspirante Madre si volti. Non me la sento di guardarla in faccia. Oggi no.

Oggi voglio essere in forma splendida splendente. Anche perché devo far fare bella figura a Olivia. Tra poco, infatti, c'è l'aperitivo di Candele & Castelli, il concorrente dei design hotel della mia amica. Non hanno molto in comune, per la verità: Candele & Castelli è un'associazione un po' polverosa di relais e ville in campagna, tutto il contrario dello stile ipermoderno e tecnologico di cui Olly va tanto fiera. Però, lei vuole assolutamente sapere come viene organizzato l'aperitivo (la sua ossessione permanente degli ultimi mesi, insieme al Riciclo dell'Ex). Che catering è stato scelto. Come si mangia. Che gente c'è. Chi ha fornito i fiori. Olivia, naturalmente, non ci può andare, però si è procurata un invito e mi ha assoldato come spia.

Già l'invito dice tutto. Me lo rigiro tra le mani aspettando di essere ammessa nella villa: è color panna, cartoncino spesso tagliato a mano, come una partecipazione di nozze vecchio stile. Manca solo lo stemma nobiliare in rilievo. Insomma, tutto il contrario dei biglietti quadrati e trasparenti con cui Olly annuncia i suoi eventi, così design che a malapena si capisce in che cosa consista l'invito (ma a me, ovvio, piacciono di più i suoi).

La sala del ricevimento, poi, sembra appunto uscita da un dépliant Candele & Castelli, inclusi i quadri degli antenati alle pareti (e questi, dove li avranno affittati?). Per fortuna sono arrivata in ritardo, e la conferenza stampa è già finita: si mangia. Mi guardo intorno, cercando di registrare più dettagli possibile per Olivia (fiori per ogni tavolo? Champagne francese o spumante italiano?), quando i camerieri cominciano a fare lo slalom con i primi vassoi. Be', sono qui anche per controllare il cibo, giusto? Ah, la tartina con uovo e caviale è morbidissima, si squaglia in bocca. Caviale? Possibile? Eppure sì, non credo che servano uova di lompo, non è chic... Ne afferro un'altra. Mmmh, sembra davvero caviale. Ne prendo un'altra al volo, e già che ci sono anche un calice di quello che, sono sicura, è champagne francese (lo so che non si fa, ma mentre il cameriere lo versava ho sbirciato l'etichetta). Però, il caviale... non sono sicura. Rincorro il cameriere, agguanto ancora un paio di tartine: "Siamo in due", mento, spudorata. Tanto qui a Candele & Castelli non mi conosce nessuno.

"Emma!"

Una signora trincerata dietro un paio di orribili occhiali da sole, con un foulard in testa neanche fosse Audrey Hepburn, mi sta chiamando per nome. Non posso rispondere perché ho appena messo in bocca un'intera tartina, così faccio finta di non aver sentito.

"Lo sapevo che non dovevo chiederti di venire!"

Oh, no, è Olly. Olly travestita che non ha saputo resistere alla tentazione, ed è venuta a spiare di persona. Il caviale, lo sento, sta andandomi di traverso: sto per soffocare.

"Andiamocene prima che divori tutto il buffet", intima Olly-Mata Hari dirottandomi verso l'uscita. Peccato, l'aperitivo di Candele & Castelli non era poi così male. Banale, forse. Ma se non altro, a differenza dei cocktail di Olivia, qui si mangia.

Ubriaca di champagne – ed è appena passato mezzogiorno – propongo a Olivia un caffè doppio. La trascino fino alla mia Panetteria Design, sperando che la vista dei panettieri superstar le faccia dimenticare la mia scarsa abilità di spia ("Altro che prendere appunti, stavi semplicemente abboffandoti!") e grazie al cielo ci riesco. Olivia si rilassa, ha appena abbordato l'argomento ex, quando squilla il suo cellulare. Messaggio. Guarda e poi, rapidamente, chiude.

"Dai, fallo vedere anche a me..."

"Figurati, è un messaggio personale."

"Chissà quanti te ne manda Robert, mostramene almeno uno..."

"Non è di Robert."

Non le credo neanche per un attimo, è solo una stupida vendetta. Le strappo il telefonino di mano. Sono o non sono una spia?

"Cara Olly, come stai? Io e Luca abbiamo deciso di annunciare che non possiamo avere figli. L'abbiamo appena saputo. Sono un po' triste, ma in fondo anche sollevata. Anzi, contenta. Titti."

Questa poi... Sapevo che con il cellulare si corteggia, ci si tradisce e ci si lascia, ma che venga anche usato per fare annunci di sterilità...

"E chi è questa Titti?" è l'unica cosa che riesco a chiedere.

"Mia cugina."

"E perché è contenta?" Questo mi sembra già più difficile da capire. Come si fa a essere sterili e contenti allo stesso tempo?

"E che ne so? Sarà in crisi col marito, o forse non ha mai davvero desiderato diventare madre... Dai, Emma, ti sembrano domande da fare? Tra l'altro, dopo avermi scippato il telefonino? Ma lo sai che questa tua ossessione per i cellulari degli altri sta diventando davvero ridicola?"

Stavolta, forse, ho esagerato.

"È che tu e Annetta, con i vostri telefonini, mi state tagliando fuori dalle vostre vite. Lei non mi chiama mai. Se la chiamo, fa scena muta. Di lavoro non vuole parlare, di suo marito neppure... Preferisco-non-rispondere, ormai la sua frase la so a memoria! Per forza: comunica solo via sms. Con te, e con quello stupido oculista."

"Con chi?"

Adesso non farà finta di non saperne niente!

"Ma sì, l'oculista, quello che ha conosciuto prima dell'estate e che secondo me vede di nascosto, te l'avevo detto..."

"Ah, sì, l'oculista... No, guarda, Emma, non ne so nulla."

Non le credo neanche stavolta. Sono convinta che Annetta si sia presa una "vacanza" da me. Sa che, in fondo, la disapprovo. Sta perdendo tempo, il suo flirt con l'occhiuto oculista è solo un modo per non affrontare il suo vero problema, quello professionale.

Ma non è il caso di spiegarlo a Olivia, che dopo l'avventura Candele & Castelli non mi pare molto ben disposta nei miei confronti. Come faccio a liquidarla?

"Sai che ore sono?"

"Ma è tardissimo!" Olivia qui-lavoro-solo-io si è risvegliata. "Vado, non sai tutto quello che ho ancora da fare..."

Mentre lei sguscia via, io mi fermo ancora: voglio

comprare del pane per stasera. Sono indecisa tra quello ai semi di papavero e quello al sesamo, quando una voce mi fa sobbalzare.

"Scusa, per caso ci conosciamo?"

E questa chi è? Oh, no, ho capito. È una delle tante Aspiranti Madri incontrate (o meglio, ignorate) in sala d'attesa. Ma cosa succede, si danno tutte appuntamento qui, per comprare il pane? Che abbiano inaugurato un nuovo centro sterilità qui vicino? Sorrido con un'aria vaga e spero che non mi riconosca.

"Sbaglio o ci siamo incontrate durante i monitoraggi per la Fivet?"

Non sbaglia. E fra l'altro era una delle Aspiranti Madri che mi stavano più antipatiche: ha già due figli, da due mariti diversi, e ne voleva a ogni costo un terzo. Ma non poteva accontentarsi? No, perché il suo nuovo fidanzato ci teneva così tanto... Non ho bisogno di attivare il mio sguardo scanner per capire che la sua Fivet è stata coronata dal successo: dietro di lei, c'è la tata filippina con neonato in braccio.

"*Sorry, I don't speak Italian.*" Tie', avrai pure tre figli, ma ora comincerai anche ad avere dei dubbi sulla tua memoria. Raggiungo velocemente l'uscita, come si addice a una frettolosa turista, e mi dileguo. Oggi proprio non ho voglia di rievocazioni di sale d'attesa. Non siamo mica state in trincea assieme!

Ma in fondo, non è vero: ci siamo state, in trincea insieme. La trincea dei centri sterilità, a combattere la nostra battaglia per un figlio... Tutte insieme, ad aspettare. Solo che, dopo il Transfer, in trincea si rimane da sole. La Grande Attesa, quella finale, è solitaria. Quando l'Aspirante Madre viene promossa a Madre in Prova. O meglio, in Provetta. Ufficialmente, insomma, è incinta. Del resto, l'embrione è stato trapiantato, giusto? Il sogno di un bambino è stato depositato lì dove dovrebbe essere, no? Ora si tratta solo di vedere se trova l'ambiente "ospitale", ripetono i medici. Se riesce ad "annidarsi" (ma chi sceglie le parole fatali?). L'Aspirante Madre non sa cosa pensare. Mentre giace a letto (ufficialmente, dopo l'Impollinamento è cominciata la Cova) visualizza, contro ogni conoscenza pseudoscientifica, un bambino in miniatura dentro di sé: aggrappati, aggrappati, gli sussurra... L'Aspirante Madre non sa cosa fare. Nelle prime ore del dopo Transfer non vorrebbe neanche alzarsi. Anche perché ci sono infermiere sadiche che dicono: "Rimanga qui, gambe piegate, non le stenda, almeno per un paio d'ore". Accasciata con un imminente crampo da Transfer, l'Aspirante Madre vorrebbe che la portassero in barella fino a casa. Fino al letto dove avverrà la Cova.

Al secondo giorno il tormento continua. Uscire o giacere? I medici non hanno dato prescrizioni. "Faccia la solita vita", dicono. "Non si strapazzi. Si riposi." Le altre Aspiranti Madri, in sala d'attesa, si scambiano leggende da Vita in Vitro anche su questo argomento: chi c'è riuscita è perché non è andata a lavorare per una settimana, anzi per dieci giorni, anzi è stata a letto per due settimane; ma no, figuriamoci, conosco un'amica che subito dopo era andata in vacanza al mare...

Col tempo l'Aspirante Madre sviluppa un Comfort Kit da Fivet. Che in genere comprende:

1) *Rescue Remedy*. Rimedio d'emergenza (e qui siamo in piena emergenza!). Non solo: la boccetta di Fiori di Bach è un antiansia naturale (l'Aspirante Madre è incinta, no? Meglio non danneggiare il bambino). Funziona anche solo sapere di averla in borsa.

2) *Libro trash*. Brughiere scozzesi, single metropolitane disperate, overdose di romanticismo. Meglio in inglese, *of course*. Così intanto non sembra di perdere tempo.

Per stati di crisi avanzati il Comfort Kit prevede inoltre:

3) *Serata Blockbuster*. In due davanti a un dvd disgustosamente d'amore. Funzionano (sempre) quelli con Meg Ryan. Anche quelli già visti. Ma, incredibile, funzionano persino i film d'azione (del resto anche lui ha bisogno di un Comfort Kit).

4) *Fiori*. Inutile perder tempo sperando che te li regalino, meglio comprarseli. E visto che ci siamo, che siano bellissimi e cari. Tanto staremo a casa a rimirarceli almeno una settimana.

5) *Sushi*. In quantità industriali, sperando che poi ci sia vietato mangiare pesce crudo.

E poi nell'ordine: copertina morbida (vedi stola), diario, telefono (eventualmente da staccare), kleenex (per le lacrime di autocompatimento). Non c'è niente di più deprimente del piangere dentro un pezzo di carta igienica.

Ovviamente l'Ufficialmente Incinta elimina dalla sua tavola prosciutto e insalata. A meno che non la lavi con bicarbonato... Ma meglio non rischiare. Il bambino potrebbe non gradire. E se comprassimo l'acido folico consigliato alle neomamme? E se, già che ci siamo, andassimo a dare un'occhiata al negozio pré-maman proprio all'angolo, ovviamente senza entrare?

Così, dopo qualche giorno di Cova rigorosamente a letto, l'Aspirante Madre esce. Con cautela. E ricomincia a lavorare. Ma l'unica cosa che riesce davvero a fare è ascoltare i movimenti tellurici del suo corpo. Ogni più piccolo sintomo, sussulto, segnale viene soppesato, sviscerato, analizzato, paragonato con sintomi precedenti, personali o di seconda mano, non importa. Tanto, è tutto imperscrutabile. Come ripetono simpaticamente i medici, ogni sintomo può dimostrare tutto e il contrario di tutto. Nausea, tensione al seno, fitte ai lati, fitte al centro, e via con la registrazione di ogni infinitesimale spostamento di cellule... Insomma, cosa dice la pancia? Saperlo. I messaggi in codice rimangono in codice.

Così l'Aspirante Madre, che a questo punto vorrebbe solo ibernarsi per due settimane, tormenta le poche amiche Già Mamme che hanno ancora la pazienza di ascoltarla. Descrive con tono di finta nonchalance il Sintomo e aspetta il verdetto. La Già Mamma prova a dare una risposta coerente, ma è difficile. Se è troppo incoraggiante, l'amica protesta, non va bene, non bisogna coltivare fallaci speranze; se è troppo scoraggiante, perché demoralizzarsi già da subito? Alla fine la Già Mamma, esausta, vorrebbe solo chiedere: "Ma, insomma, cosa vuoi sentirti dire?"

Ricordi da trincea. No, oggi non voglio rievocare. E spero proprio di sfuggire anche alla telefonata del Grande Materassaio. Del resto, ne ho già ricevuta una ieri: "Su 16.295 cicli di fecondazione assistita iniziati in Italia, solo 3505 hanno avuto come risultato l'inizio di una gravidanza". L'inizio, attenzione: sono molte le gravidanze Fivet che non vanno avanti. Sono gravidanze delicate, più a rischio... Il che, facendo i conti, vuol dire che la Cicogna in Provetta non assicura più del 20 per cento di probabilità di tenere in braccio un bambino. A voler essere ottimisti. Ma, mi chiedo, bisogna sempre cadere nella percentuale sbagliata?

No, oggi neanche il maniaco della Fivet mi può turbare. Perché è il nostro anniversario. Mio e del Consorte.

A dir la verità, avevo cercato di convincerlo a festeggiarne più d'uno. L'anniversario di matrimonio è così banale! Che dire allora dell'anniversario del primo bacio, della prima notte passata insieme, della prima vacanza in barca, persino del primo litigio... Tutto diligentemente annotato sul diario (anzi, sui diari: quelli che tengo da quando ho quindici anni). Non c'è stato verso, il Consorte è stato irremovibile. Un uomo senza alcun afflato romantico. Ma io, testarda, questi anniversari li festeggio lo stesso. Di nascosto. Li segno sul calendario, e poi tento di "impaginare" una serata romantica. Come stasera. Per prima cosa mi sono comprata un lussuoso bouquet autunnale. Inutile sperare in un suo contributo: il Consorte appartiene a quel diffuso tipo di uomini che non entra mai dal fioraio, e in più sostiene che "tanto ci sono i fiori in terrazza". Dopo aver disposto in un vaso i miei romantici fiori, voglio preparare una cena Candele & Castelli. Oggi, all'aperitivo, ho visto un paio di idee décor da copiare...

Ma, fuori dalla porta, sento già il profumo.

Pere e cioccolato.

Profumo d'autunno, di pere e di boschi, di freddo e di pioggia. È una torta che avevamo mangiato in uno dei nostri primi weekend insieme. Dormivamo in una piccola pensione in montagna, legno per terra e pizzi bianchi alle finestre, la proprietaria che serviva i suoi dolci per colazione... Una torta che non ho più mangiato così buona, anche perché il Consorte non l'ha mai fatta. Non era tra le ricette di famiglia, diceva; non sapeva di nostalgia, dico io... Ma oggi si è ricordato. È lui in cucina: è venuto a casa prima, per farmi una sorpresa. Una sorpresa con lo zucchero dentro. Proprio quello che desideravo.

14

IVG

C'è qualcosa che non funziona. Continuo a chiamare Anna e a tormentarla: mi tira di qui, è normale? Sento una fitta di qua, non sarà grave? Ho una perdita, anche tu le avevi? Lei mi rassicura, ma io non le credo. Avevo programmato una tournée trionfale dalle amiche Già Mamme (quelle che per anni ho evitato) per annunciare che ormai faccio parte del club, ma la cancello. Forse dovrei semplicemente stare a letto. Starò a letto a leggere per tutta la gravidanza: non mi sembra un'idea malvagia. Pagine e tazze di tè. Non mi muovo, prometto. Sono disposta anche a rinunciare al tè. Persino ai libri. Starò a letto, come su una nuvola, e cercherò dei nomi per il bambino. Starò ferma immobile e…

Poi tutto succede molto in fretta. Mi ricoverano in ospedale: subito. È un ospedale che non conosco, facce che non conosco. Quante domande, e io non ho un fazzoletto, nessuno qui sembra avere un fazzoletto, sono uscita di casa senza un fazzoletto. Riesco a pensare solo a questo. A che mese è? Qual è il suo gruppo sanguigno? È la prima volta che fa un raschiamento? Preferisce un'anestesia totale?

Il bambino non nascerà. Il bambino è tornato dentro al video, è uscito dal video, è un puntino dentro una nebulosa. Comincio a piangere e penso che non riuscirò mai a smettere.

Temo l'arrivo dell'autunno per vari motivi. Il primo è che le giornate si accorceranno e la mancanza di luce ha un immediato effetto depressivo (anche se, da quando sono una Casalinga Telematica, ammetto che la vita è notevolmente migliorata: con la brutta stagione esco solo quando c'è chiaro, l'antivampira per eccellenza).

Il secondo è lo stendibiancheria. Perché dall'afa passeremo direttamente alle piogge torrenziali, e io dove stenderò la biancheria? Se c'è una cosa, infatti, che invidio nelle case altrui – oltre, naturalmente, alle camere dei bambini – è la lavanderia. Quella stanza, anche di passaggio, di solito vicino alla cucina, con lavatrice (a volte anche l'asciugatrice), asse da stiro a scomparsa, persino il cestino del cucito... E poi cassetti e antine che io apro sempre, cercando di non farmi sorprendere dalla padrona di casa: file di detersivi, spazzole e spazzoloni, gadget domestici di cui in genere ignoro sia l'utilizzo che l'esistenza... Ma, soprattutto, spazio. Stendibiancheria giganti, magari a soffitto, dove stendere lenzuola di famiglie intere, e poi chiudersi la porta dietro. Una stanza che sa di biancheria pulita, di casa in ordine e di domesticità. Io non l'ho mai avuta.

In compenso la mia vita è funestata dallo Stendibiancheria Itinerante: quell'orrido aggeggio che non riesco a nascondere da nessuna parte. D'estate finisce in terrazza; certo, disturba la vista dei limoni e delle rose, ma almeno posso far finta di essere una vera casalinga, e ritirare la biancheria odorandola dicendo: "Come sa di pulito..." (Non è vero, perché sa di smog – testimoni i limoni che neanche a lavarli col detersivo vengono gialli, rimangono sempre con delle striature di grigio-Milano –, ma, insomma, bisogna accontentarsi.) Questo d'estate. E quando comincia la stagione delle piogge?

Allora, non c'è più niente da fare: lo stendibiancheria deve per forza stare – aperto – in casa. Dove, però? Non in camera da letto: è tristissimo, contro tutte le regole del feng shui. Non in sala, perché la mia sala è anche cucina, e a parte l'inconveniente di indossare un paio di mutande al curry o un paio di calze all'aglio, cosa direbbero gli ospiti? Non c'è posto neanche nella camera di Barbablù: d'accordo essere una Casalinga Telematica, ma non posso lavorare in mezzo alle lenzuola.

E quindi? Quindi lo stendibiancheria, appena piove, diventa itinerante, visto che lo sposto in continuazione da una stanza all'altra. Non so come facciano le altre, tutte quelle che non possiedono la tanto concupita lavanderia: come fanno a dormire con la biancheria in camera, ad aprire la porta agli ospiti con le lenzuola che asciugano in corridoio, a rilassarsi nella vasca con le calze che pendono dal soffitto? Io sposto lo stendibiancheria. E mi dispero.

Ma c'è un altro motivo per cui l'autunno mi intristisce: è la stagione in cui vengo travolta da Ciclamini & Stelle di Natale. Con la prima serata di freddo, e il primo invito a cena, voilà, ecco la prima coppia di ospiti che si presenta con la pianta infiocchettata: gli insulsi Ciclamini giganti che sanno di plastica (io li odio particolarmente perché, ogni volta, mi ritornano in mente i ciclamini della mia infanzia, raccolti nel bosco, così profumati), e le insipide Stelle di Natale (che non è neanche un fiore: è una pianta che arrossisce di vergogna).

Diciamolo una volta per tutte: cosa c'è di male in un bel mazzo di fiori? Perché la coppia-di-ospiti non può fare uno sforzo supplementare e comprare un mazzo di tulipani (insulsi anche quelli, ma almeno sono colorati), di peonie, o persino (ma non esageriamo) un bouquet che sappia d'autunno? Perché popolare la città di queste tristi piante da vecchia zia? Non posso credere che piacciano a qualcuno. Sospetto che tutta la città usi la mia stessa tecnica: "Ah, grazie, è bellissimo ricevere dei fiori" (sottinteso: *fiori*, capito? Non piante), cui segue, nel mio caso, il sorriso più falso, mentre apro – solo un po' – la confezione e deposito la pianta sul pavimento, per poi riacconciarla al meglio l'indomani e riciclarla subito al primo invito a cena. O, in mancanza di invito, alla vecchia zia (il problema è che bisogna anche fare la visita di cortesia, e ammirare il corteo di altri allegri Ciclamini & Stelle di Natale che abbiamo depositato nel corso degli anni e che lei, non si sa come, riesce a mantenere in vita), oppure, ultima spiaggia, all'anziana vicina di pianerottolo (la quale però, per gratitudine, li allinea sulle scale... "Così li può vedere anche lei").

Misteri della vita. Una povera ragazza non fa in tempo a rallegrarsi di essersi accasata e quindi liberata per sempre dall'incubo triste del corteggiatore che si presenta con pianta in vaso (sicuro indice di taccagneria: perché in genere viene accompagnato dalla frase: "Così dura di più"...), che subito entra in un'altra fase della sua esistenza, quella degli inviti "doppia coppia", con Rimboscamento Ciclamini.

Non c'è che mettere in colonna tutti i tristi pensieri dell'autunno per sentirsi come uno straccio. Bagnato. Oggi infatti sono di quell'umore allegro altrimenti chiamato Lacrime in Tasca. In più, ho obbedito al Sussurro della Lavatrice senza guardare le previsioni del tempo, e adesso mi ritrovo con uno Stendibiancheria Itinerante mentre aspetto Agnese per cena. Ma il motivo delle mie Lacrime in Tasca, lo so benissimo, è un altro.

Non potendo più rimandare il momento per non rischiare il divorzio causa peli, proprio oggi mi sono decisa e ho preso appuntamento dalla Temibile Estetista. Appena sono entrata mi sono accorta di qualcosa di diverso. Carlotta stranamente non c'era, e quindi non ho neanche dovuto esercitare il mio automatico sguardo scanner (pancetta prominente? Inizio di gravidanza?). La notizia arriva a tradimento da una delle Carlotta's Girls, mentre mi sta torturando: "Hai saputo?" sussurra. "Carlotta è incinta!"

Mi scappa un gemito. "La cera scotta!" mento spudoratamente.

Ma come? Carlotta si è appena separata, ho avuto soltanto il tempo di commiserarla (qualcuno messo peggio di me, almeno il mio matrimonio resiste alla Vita in Vitro) e si è già dotata di nuovo fidanzato e di pancia?

"Oggi è andata a fare un controllo", continua la mia informatrice. Sicuramente ci saranno dei dettagli succulenti, ma non ho voglia di sentirli. Chi è il fidanzato? Dove l'ha incontrato? Di quanti mesi è? La Carlotta's Girl di turno parla, parla e io sento solo la cera che scotta e i miei funesti pensieri. Perché lei sì e io no?

La giornata è iniziata male e prosegue peggio. Dopo la funesta seduta-depilazione, mi sono chiusa nella camera di Barbablù a lavorare. Ne riemergo a ora di cena (e a supermercati chiusi) per accorgermi che il menu per Agnese l'avrei dovuto improvvisare. Nel frigorifero troneggiavano solo due grandi buste: la prima di spinaci-già-lavati (meno male, posso fare un risotto); la seconda di insalata-già-lavata (e speriamo che Agnese porti il dolce).

C'è solo un piccolo problema. Mentre verso nella pentola per il risotto gli spinaci pronti-per-l'uso, mi accorgo che sto versando anche qualche etto di terra. Allora lo fanno apposta? Vogliono convincermi ad abbandonare per sempre la verdura di plastica per donne-che-hanno-altro-da-fare! Sto meditando se passare a una cena d'emergenza (il cinese di fronte?) e riportare al supermercato, domani, la terra con gli spinaci, quando squilla il telefono: Olivia.

È proprio il momento giusto per ascoltare le sue ansie sull'imminente festa dei design hotel. (A proposito, ho un'idea da proporre: perché non organizzare un evento-design riservato a tutte le incinte della città, così me le togliete di torno per un giorno?) Ma la richiesta che mi fa è molto peggio.

"Sai la mia amica giornalista? Le devo qualche favore perché parla sempre bene di noi... Sta scrivendo un pezzo sulla fecondazione artificiale e deve intervistare delle donne, che possibilmente si facciano fotografare. Ne ha già trovata una che ha appena avuto due gemelli e una che è incinta, e le serve una donna che non ci sia riuscita. E allora ho pensato... non è che ti dispiacerebbe farti intervistare?"

Ringhio nel telefono.

"Mi dispiace? Ma come ti viene in mente di chiedermi una cosa del genere? Pensi che non veda l'ora di finire su uno stupido giornale, con tanto di foto e didascalia Donna Sterile? Ma sei matta?"

Non riesco ad andare avanti perché le Lacrime in Tasca mi stringono pericolosamente la gola.

Olivia fa marcia indietro.

"Guarda, era solo un'idea, non preoccuparti, ma cos'hai oggi?"

Chiudo il telefono più velocemente che posso. Ci manca altro che mi chieda: "Devono venirti le mestruazioni?"

Già, forse è anche quello.

I Giorni Prima. La sindrome premestruale non è niente in confronto all'ansia da calendario delle Aspiranti Madri. Un calendario elettronico incorporato che, a partire dal giorno 14 (giorno presunto dell'ovulazione), comincia a vibrare. 15, 16, 17... Man mano che si avvicina il giorno 28 la vibrazione si fa assordante. L'Aspirante Madre non riesce a pensare ad altro. Continua a sfogliare nervosamente l'agenda (no, non sta controllando le sue riunioni di lavoro e neppure guardando i ponti da qui a fine anno), perché sì, anche se la ginecologa continua a ripetere che un ciclo normale è di ventotto-trenta giorni, il ventinovesimo potrebbe già essere considerato ritardo...

Per calmarsi conta, come in un rosario, i giorni dall'inizio della mestruazione. Dell'ultima e degli ultimi sei mesi (lo fa anche quando è a cena fuori: per sicurezza conta sulle dita, ma sotto il tavolo, pensando che nessuno se ne accorga). 28, 29, 30, a volte, tanto per tenerla un po' sulle spine, si arriva anche a 31, 32, 33...

Poi, l'Aspirante Madre controlla nervosamente il suo corpo come se fosse un territorio nemico. Seno teso e all'insù: be', questo è un chiaro segno di incintaggine perché, se si ricorda bene, il seno premestruazioni è tutto diverso (almeno, le sembra). Pancia gonfia preciclo: e se invece stesse già sporgendo una pancia da gravidanza? Qualche perdita, il classico spotting premestruazioni: eppure ci sono molti, moltissimi (quei due o tre che le hanno raccontato) casi in cui le mestruazioni erano "finte" e la fortunata, in realtà, era incinta. Non potrebbe succedere a lei? La pia illusione si deve arrendere di fronte all'acquisto di una nuova confezione di assorbenti. Ma a quel punto basta ingoiare una scatoletta di analgesici (perché, poi, oltre alla delusione, bisogna subire anche i crampi?), e si può ricominciare a sperare. Il primo giorno delle mestruazioni, in fondo, è anche il primo giorno di un nuovo ciclo, un nuovo giro della roulette della fertilità.

È durante i Giorni Prima, insomma, che mi sento più cattiva. O più disperata. O tutt'e due le cose insieme. Quelli in cui se il mio sguardo scanner incontra un'incinta, mi si annebbia la vista. Il che, assommato all'occasionale risotto-alla-terra-di-spinaci, equivale a un perenne Lacrime in Tasca.

Per fortuna arriva Agnese. Che si presenta senza Ciclamini e senza Stella di Natale, ma con un lussuoso, futile mazzo di fiori e un vassoio di marron glacé; che non si accorge neanche dello Stendibiancheria Itinerante (parcheggiato nel mio studio); e che è del suo solito umore: luminoso. Le piace moltissimo il risotto ("Buono! Sa di campagna..."), meno l'insalata (forse ho esagerato con il condimento esotico), le piacciono le candele, il mio vestito, la tavola "impaginata" stile "cena tra amiche"...

"Però sei tu che non mi piaci, Emma. È successo qualcosa?"

Sospiro.

"Un'altra incinta, e l'ho scoperto proprio oggi. Carlotta, la mia estetista..."

Agnese mi guarda fisso e io cerco di buttarla sul ridere.

"Ti rendi conto? Sarò la tua amica più pelosa. Non posso mica andare ogni mese a farmi torturare e complimentarmi per la pancia che cresce... Dovrò fare a meno della ceretta per un po'."

Agnese sospira. Lei sospira? Sono io che dovrei sospirare, attorniata come sono da Mamme Felici.

È solo alla fine della cena, quando mi ero già rilassata parlando di nuove mostre e di nuove fughe insieme a caccia di pittrici, che Agnese fa una pausa e mi guarda fisso in faccia.

"Emma, te lo devo proprio dire."

Santo cielo, non sarà incinta anche lei? Questo proprio non potrei sopportarlo. Faccio un sorriso di circostanza, pronta a giurarle quanto sono contenta e a correre in bagno per ubriacarmi di Rescue Remedy. Poi non resisto.

"L'ho capito, sai? Dall'insalata."

"Che insalata?"

"Quella che non hai mangiato."

"E allora?"

"Non l'hai mangiata perché sei incinta, giusto?"

Agnese mi guarda. Nei suoi occhi, un lampo di tristezza. Per me.

"Io incinta? No, e ti dirò di più: in questo momento della mia vita, non sarebbe neanche una bella notizia. Ma cosa c'entra l'insalata?"

"Non eri sicura che l'avessi lavata bene..."

Doppio lampo di tristezza.

"No, Emma, è qualcos'altro quello che ti volevo dire. Da un po' di tempo sono preoccupata per te. E la storia assurda che mi hai raccontato sull'estetista mi dà ragione. Non puoi reagire così ogni volta che qualcuna che conosci rimane incinta. Non c'è un numero finito di bambini nel mondo, Emma. Non è che quando una tua amica – ma che dico, una che a malapena conosci – rimane incinta te ne toglie uno, ti scippa il tuo. Non c'entra. Pensaci."

Arrossisco. Le parole di Agnese mi fanno male, sono come uno schiaffo, ma so che mi fanno male perché sono vere. Ci rimugino tutta la notte, mentre mi rigiro nel letto. Perché continuo a pensare a ogni annuncio di gravidanza come a un furto, come se qualcuno mi avesse rubato il bambino che è mio di diritto? E il fatto più grave è che mi sembra naturale crederlo, lamentarmi, risentirmi. Cosa mi sta succedendo? Cosa sto diventando?

È semplice, e lo capisco con una fitta al cuore. Sto diventando una persona che non mi piace.

15

CRIOCONSERVAZIONE: I BAMBINI NEL FREEZER

Il giorno in cui sarebbe dovuto nascere il bambino è il giorno del mio compleanno. Penso che non voglio festeggiare, e poi penso che non è giusto; penso che odio quest'anno che è appena passato, e poi penso che non è giusto; penso che un altro compleanno senza la pancia è solo un buco nero sul calendario, e poi penso che non è giusto.

Penso che è un giorno da dimenticare. Finché mi alzo, e in bagno c'è un grande fiocco sotto lo specchio: trovo il regalo che ho desiderato per anni. Il regalo che doveva sempre arrivare e che non arrivava mai. Un profumo: per me, solo mio. Un profumo che sa di vecchi calendari e di sole giallo, di vento e di coperte, di mare caldo sotto la pioggia. Un profumo che prima non esisteva, che non ha un nome perché ha il mio nome. Il più bel regalo che abbia mai ricevuto.

Non è dunque un compleanno da dimenticare, penso.

Quella sera, decido. Decidiamo. Riunisco tutto, tutta la nostra Vita in Vitro. Quanti anni. Quanti pezzi di carta. I fogli degli esami, l'isterosalpingografia, la laparascopia, il test seminale, i calendari dei monitoraggi, le ricette dei dosaggi ormonali, l'ecografia, il foglio di dimissioni dall'ospedale. In una busta, un biglietto, il più piccolo. Il centro sterilità ci annuncia che due embrioni, cellule che ci appartengono, sono depositati a nostro nome. Data. Numero. Firma. Crioconservazione: due bambini nel freezer. Forse. O forse no. Lego tutto con un nastro e chiudo il cassetto.

Oggi è il giorno in cui viene la domestica. E io? Io esco.

Nel momento in cui sono diventata una Casalinga Telematica ho deciso – ovviamente – che non avrei mai e poi mai rinunciato alla preziosissima "donna di servizio", nel caso specifico la mia srilanchese che comunica ondeggiando la testa (ho tentato più volte di imitarla, ma non ci sono ancora riuscita). Casalinga sì, ma Telematica: d'accordo la spesa, gli armadi, il sussurro della lavatrice, ma sono pur sempre Telematica. Il mio lavoro è davanti al computer e non a lucidare piastrelle. Per cui, l'apporto della srilanchese è rimasto quello che era: due volte alla settimana, stirare e pulire.

Il problema è che, per qualche imperscrutabile motivo, non riesco a lavorare quando lei arriva. Mi sembra che digitare risposte alle anime in pena del Lettino non sia un vero lavoro, non riesco neppure se chiudo bene la porta della camera di Barbablù: il mio posto è di là, insieme al ronzio dell'aspirapolvere e alla pila di camicie da stirare. All'inizio, spinta dai sensi di colpa, finivo per pulire insieme a lei. Ma, dopo una sessione di lavaggio vetri con acqua e giornali vecchi invece che con l'antiecologico detersivo liquido (un consiglio passato da un'amica naturista), l'ineccepibile srilanchese non si è presentata, inequivocabilmente per protesta.

A quel punto ho deciso che la soluzione più diplomatica è uscire nei giorni in cui arriva. Ancora oscilla la testa quando la rifornisco di costosissimi detersivi salva-natura ("Questo non funziona, signora..."), ma per amor di pace ha accettato il tacito scambio: io esco quando lei è in casa, e lei in cambio pulisce con i detersivi-che-non-funzionano. O, almeno, dice di farlo: io in realtà sospetto che, appena sono fuori circolazione, lei tiri fuori dalla borsa i suoi potentissimi veleni. Ma, per carità, è solo un sospetto.

Quindi esco, portandomi dietro il riciclo della settimana. Altro mio cruccio casalingo. Prima di tutto, da un punto di vista estetico: perché io accumulo, ecologicamente, i miei tre bei mucchietti di carta, vetri e lattine, bottiglie di plastica. Ma sono un vero dispiacere per gli occhi, fanno disordine nella mia bella cucina. Come mai nessun grande del design ha pensato finora a una soluzione, a un deposito chic e transitorio prima che finiscano nei bidoni condominiali?

Il riciclo mi stressa anche perché mi devo ricordare di farlo sparire prima che arrivi l'implacabile srilanchese (di lei non mi fido: secondo me butta tutto nello stesso bidone), e infine perché non mi fido neanche di chi ritira la spazzatura. Da un po' circola una leggenda metropolitana secondo la quale la raccolta differenziata è solo un inganno ai danni degli onesti, responsabili cittadini: noi ci sforziamo, selezioniamo, e poi gli operatori ecologici infilano tutto nello stesso camion. Sarà vero?

Un giorno ho deciso che avrei seguito il camion fino

alla discarica, per controllare con i miei occhi che le cose avvenissero come promesso (avevo anche delle domande fondamentali da porre, tipo: i tappi di metallo delle confezioni di marmellata vanno nello stesso bidone del vetro o no?); ma quando ho scoperto che il ritiro viene fatto a ore incivili (prima che sorga il sole), ho desistito. Mi dovrò fidare. Così adesso mi limito, ogni tanto, ad aprire il bidone della carta e controllare che ci sia davvero solo carta. Un paio di volte, sotto lo sguardo esterrefatto degli inquilini, ho tirato fuori delle riviste ancora incellophanate per togliere la plastica e buttarla nel contenitore giusto. Essere una Casalinga non solo Telematica ma anche Ecologica ha i suoi rischi sociali. Io, però, lo faccio per il bene dell'umanità.

Dunque, dopo l'operazione spazzatura guadagno l'uscita, per accorgermi che non ho nessuna voglia di fare quello che mi ero ripromessa: il cappuccino, la spesa, la tintoria, ricerca del regalo di compleanno per mia madre che sta per tornare in città... Non potrei bigiare? Ho solo voglia di chiacchiere, senza preavviso.

Decido di fare una passeggiata fino a casa di Anna e citofonarle. Che strano, ecco un'altra abitudine persa con il passare degli anni, quando si diventa schiave dell'agenda, oltre che del telefono... Non le citofono da quando avevamo 16 anni, eppure abitiamo così vicine! E – sorpresa! – Anna è a casa. O meglio, sta uscendo per il suo pellegrinaggio rituale da Chocolat: va a "testare" le nuove creazioni della sua pasticceria preferita. Mi accodo, anche se non vado pazza per il cioccolato ("Si vede che hai troppo zucchero nel sangue", mi dice sempre Annetta). Ma ho voglia di stare un po' con lei. È tanto che non succede... E poi, stamattina, stranamente è da sola: non c'è Viola, e neppure il suo passeggino.

"Viola è al nido. Non ti ricordi che ho finito l'inserimento?"

A dir la verità non mi ricordo neppure che Anna avesse cominciato l'inserimento, ma forse non è un argomento che abbiamo dibattuto. Non approfondisco: sono altri i temi di cui vorrei parlare. E neppure mi interessa carpirle informazioni sul suo presunto amante, anche se mi sembra che sia di ottimo umore, e con un nuovo paio di occhiali, oltretutto. Ma a che pro farle domande se conosco già la reazione? Preferisco-non-rispondere... Ci sediamo a un tavolino della pasticceria, su delle scomodissime sedie che assomigliano a dei quadrotti di cioccolato (ma non esiste un angolo che non sia design, in questa città?), mentre Anna ordina e assaggia.

"Ah, fantastica questa cioccolata calda al peperoncino. E in questo dolce, guarda, secondo me hanno messo un po' di anice, non è male..."

Sbuffo. Mi sono improvvisamente ricordata perché con Anna vado solo e rigorosamente a mangiare sushi: perché in genere passa il tempo, come sta facendo adesso, ad assaggiare e tentare di indovinare quali spezie, quali ingredienti segreti sono nascosti nel suo boccone. No, grazie, c'è già il Consorte che mi fa l'esame-olfatto. L'esame-gusto, per una come me, che non riesce a distinguere il cardamomo dal coriandolo, è davvero troppo!

Col sushi, non c'è pericolo: gli ingredienti sono sempre quelli. Pesce e riso, riso e pesce (e wasabi, ovviamente). Il massimo che Anna può fare è chiedermi se riconosco il pesce (tonno o pesce spada?), eppure quello, chissà perché, non la diverte così tanto. Ma, ops, sto facendo trama!

Mentre Anna sta divagando sui meriti del peperoncino abbinato al cioccolato, io giocherello con la mia fetta di torta.

Anna si interrompe.

"Non ti piace?"

"Non mi va."

"Cos'è, un po' di Nausea Julia?" e mi strizza l'occhio. Ah, già, la Nausea Julia (Roberts)! Una vecchia battuta che avevamo abbandonato. Nata quando Julia Roberts, pallida e con l'aria di una che sta per vomitare, assalita durante una conferenza stampa dai soliti giornalisti pieni di tatto, al grido di "Gwyneth Paltrow ha appena dichiarato di aspettare un bambino, anche lei non si sente bene?" si mise quasi a urlare: "Non sono incinta, ho solo l'influenza!" (Povera Julia. Già mi era diventata simpatica quando si era presentata a una serata di gala con le ascelle non depilate, rispondendo ai giornalisti impiccioni: "Ho di meglio da fare..." Avevo anche portato il ritaglio alla Temibile Estetista, ma non si era per niente divertita.) Sì, è stato allora che abbiamo fondato il Circolo Non Sono Incinta (Ho Solo l'Influenza). Iscritte d'ufficio, tutte le povere star che si fanno scappare davanti a un microfono: "Sì, adesso penso a un bambino..." Variante: "Sì, mi piacerebbe diventare mamma". Menzione d'onore per Sandra Bullock che è pericolosamente fuori età sia per un figlio che per un fidanzato stabile (nonché ipotetico padre) e, nonostante questo, deve rispondere a chi la tormenta con: "Ma non si sente sola, alla sua età?"

Nausea Julia... La battuta di Anna mi fa sorridere. Solo un po'. Anche perché, nel frattempo, persino Julia Roberts ce l'ha fatta: è diventata mamma, e di due gemelli, oltretutto. Beata lei.

"No, Annetta, sono semplicemente preoccupata. Sto pensando alla prossima Fivet. Ma no, non è vero, non sto pensando a quello. Sto pensando: secondo te, sono cambiata? Sono diventata una persona antipatica? Tu come mi vedi?"

"Sono contenta che tu me lo chieda. Cioè, sono contenta che tu *te* lo chieda. Perché, Emma, non sapevo come affrontare l'argomento."

Anna esita. Prende tempo.

"Il punto è che non volevo farti sentire ancora peggio. Però, sì, penso che ultimamente tu stia un po' oltrepassando il limite. Non che non capisca quanto stai male: figurati, sono la tua amica, no? Ma mi dispiace tagliarti fuori da così tanta parte della mia vita..."

Sta parlando dell'occhiuto oculista? Della sua ricerca lavoro di cui, in effetti, non mi ha più raccontato niente? Macché.

"Perché, vedi, tutto quello che riguarda l'argomento bambini è diventato off limits. Io ogni tanto butto lì qualcosa, ma è come se tu non ascoltassi. Cancelli tutto, non fai mai domande. Prendi il nido di Viola: mi rendo conto che la ricerca di quello giusto, il patema di quando l'ho lasciata il primo giorno, le lacrime ogni volta che me ne vado, be', lo so che può non interessarti... E infatti, come vedi, non te lo racconto... ma almeno potresti ricordarti che l'ho iscritta al nido! Io faccio di tutto, Emma: cerco di liberarmi per uscire da sola, non ti parlo mai o quasi mai di lei, ma è pur sempre mia figlia! E tu, non so... non puoi far finta che non esista. Non credi?"

Che Viola non esista? Se la vedo... be', la vedo... In effetti, da quanto tempo non la vedo? Da quanto tempo non chiedo niente che riguardi Viola? Per me è solo una voce in sottofondo quando telefono ad Anna, una foto nel suo portafoglio. (A proposito, solo adesso me ne accorgo: le foto nella borsa aperta di Anna. Evidentemente le porta dietro ogni volta, e ogni volta non ha il coraggio di farmele vedere. Siamo a ottobre e non mi ha mostrato neppure quelle di quest'estate.) Ma che amica sono?

Finiamo per tirar su col naso tutte e due davanti alla torta al cioccolato. La Nausea Julia ha colpito ancora, e stavolta non ci viene neanche da ridere.

Anna è andata a prendere la bimba al nido ("No, non accompagnarmi, e scusami se ti ho parlato, spero che tu non ci sia rimasta male..."), e io continuo la mia passeggiata. Eccoli qui, tutti i negozi proibiti: quello di culle, di abiti pré-maman... E l'agenzia di viaggi. Mi fermo davanti alla vetrina. Da quanto tempo non faccio un viaggio, un viaggio vero? Da quando è iniziata la mia Vita in Vitro, mi è passata la voglia di prendere un aereo. Per una questione di soldi, certo: ogni Fivet costa come un giro intorno al mondo. Ma anche perché, semplicemente, non ho più voglia. Tutte le mie energie sono concentrate sul far fronte alle iniezioni giornaliere, tutti i miei desideri sul poter comprare ancora una volta lo stick dell'esame di gravidanza. E quando partire, poi? Non durante le cure ormonali. Non durante il monitoraggio. Certamente non dopo il Transfer. Dopo un fallimento, forse. Ma allora, l'unica cosa che voglio è stare a casa a piangere.

Siamo partiti, certo, in questi anni. Ma non per dei viaggi "veri": per delle vacanze "relax", per prendere fiato tra una Fivet e l'altra. Sorrido guardando le solite offerte in vetrina: Maldive per il viaggio di nozze, fuga romantica ai Caraibi... Altro che luna di miele: forse venderebbero di più i "viaggi concepimento", "vacanze fertilità", da studiare insieme al ginecologo...

Ci abbiamo provato anche noi. Il risultato ancora mi fa rabbrividire.

Primo tentativo. Villaggio alle Maldive. Forse sono i postumi delle prime cure ormonali, ma tutto mi sembra psichedelico: il sole troppo caldo, la sabbia troppo bianca, il mare troppo pieno di pesci... e l'atollo, troppo piccolo. Faccio il giro dell'isola in dieci minuti esatti, e poi? La valigia persa (con i miei preziosi romanzi trash che non vedevo l'ora di leggere) arriverà solo l'ultimo giorno. Dentro, oltre alla lettura da spiaggia, anche il mio deodorante. Risultato: passo l'intera vacanza ad annusarmi (il deodorante comprato alla boutique del villaggio è disgustoso), e a cercare di abbordare altri ospiti per mendicare qualcosa da leggere. Il Consorte? Scomparso. Forse anche lui allarmato dal mio improvviso cambio di odore, decide di iscriversi al corso di diving. Il corso accelerato, ovviamente. Quello che comprende lezioni al mattino (a riva) e al pomeriggio (alla barriera corallina). Più un paio di immersioni notturne. Lo rivedrò sull'aereo di ritorno.

Secondo tentativo. Scartiamo i resort più gettonati e tentiamo con un viaggio fuori dalle rotte: un'isoletta ancora selvaggia in Indonesia, che neppure compare sull'atlante. In effetti, il posto è davvero selvaggio: non c'è nessuno. O meglio, c'è un sacco di plancton nell'acqua, che mi assale quando tento di nuotare (il Consorte sostiene che anche queste sono allucinazioni ormonali, ma io sono sicura di no). Allora mi ritiro sulla spiaggia, ma stavolta sono assalita da nugoli di temibili *sand flies*, simpatiche mosche della sabbia (evito di lamentarmi con il Consorte per non passare per pazza). Altri ospiti? Una coppia in viaggio di nozze, evidentemente poco convinta della scelta matrimoniale: passano il tempo con l'istruttore di diving (ancora!). Lui prende lezioni, lei si infila nottetempo nel suo bungalow. Il mio romanticismo è messo a dura prova, ma l'istruttore, intervistato, sostiene che è la tipica sindrome da luna di miele. Passo il tempo a far finta di niente e a cercare di convincere il direttore del villaggio che no, non voglio la filodiffusione nel bungalow, e neanche in spiaggia, grazie. Neanche a basso volume, grazie. Lo capiranno l'ultimo giorno, quando ormai sono convinta di essere rimasta intrappolata in un reality show.

Mi stacco dalla vetrina, giro l'angolo, ed ecco un negozio per fortuna non proibito: l'edicola. È lunedì e non posso mancare il mio tormentone settimanale: la donna in carriera sulla *Repubblica* di oggi sarà una Mamma Felice o un'Aspirante Madre? Un attimo... Oggi, però, dovrebbe essere uscito l'articolo "Mamme in provetta", quello con cui mi minacciava Olivia. Qual era il giornale? Eccolo qui. Strillato in copertina. Però, facciamo notizia.

Trovo subito l'articolo, per fortuna senza foto. La sensibilissima giornalista ha avuto pietà. In compenso c'è, a tutta pagina, un neonato dentro una provetta... Che fantasia! Davvero un'idea originale. Un giorno devo raccogliere, per un'installazione artistica personale, tutte le allegre "impaginazioni" degli articoli sulla sterilità (magari farne dono alle sale d'attesa: di certo non peggiorerebbero l'atmosfera). Per strada, leggo. Ecco la prima intervistata: una Mamma Felice. Ma ha una storia terribile! Ha fatto un numero incalcolabile di Fivet, e solo quando il marito ha minacciato il divorzio ha deciso di tentare l'ultima volta; a quel punto è rimasta incinta di tre gemelli, ma per averli ha passato praticamente nove mesi senza scendere dal letto... La seconda Mamma Felice è scandalosa: è rimasta incinta subito, al primo tentativo, e cinguetta allegra che lo consiglia a tutte. Ci credo! E la terza?

"Non ho un figlio. Non lo avrò mai. Ci ho provato per anni e adesso basta: stavo per perdermi in questa mancanza. Stavo disintegrandomi in questo desiderio senza risposte: non avevo lui, il mio bambino, e non avevo me stessa."

Una stretta al cuore. Mi suonano familiari queste frasi, potrei quasi essere io...

"Mi dicevo: forse non c'è posto per un figlio dentro la mia vita così piena. Avevo tanto di tutto: un amore solido, un bel lavoro, amici, viaggi... Tanta roba, tante emozioni. E il figlio non arrivava. Così, quasi senza accorgermene, ho cominciato a sottrarre alla mia esistenza la sua pienezza: lavoravo senza passione, depistavo gli amici, declinavo gli inviti, stavo senza entusiasmo con un marito che amo. Sperando che il mio bambino si decidesse a sentirsi accolto, ad annidarsi dentro di me. Non succedeva. Nonostante anni di tentativi: la stimolazione ovarica, prima. La Fivet, dopo."

Ma questa sono io! Io riveduta e corretta: Olivia, vera amica fidata, ha pensato bene di raccontare lei la mia storia. Di seconda mano, ma tanto che differenza fa per la macchina macina-emozioni di un giornale? Sì, certo, sono io. Ma come si è permessa?

Entro come una furia in casa e digito il suo numero. Il centralino dell'albergo mi mette in attesa.

"Fino a che ho deciso di sottrarmi a questo strazio. È passato un anno dall'ultima volta. Ormai è deciso: sarà l'ultima per sempre."

L'ultima Fivet? Ma io non ho mai detto a Olivia che avrei smesso... sto solo aspettando. Di sentirmi meglio, di avere di nuovo la forza.

"Ci ho messo mesi a uscire da questo lutto, apparentemente così definitivo. Ho cercato e trovato, di nuovo, la persona che avevo dimenticato nella corsa verso un figlio impossibile. Quella persona sono io."

Già, magari non sono proprio così saggia, così risoluta, però in effetti è vero. Mi sento proprio così.

Quando Olivia finalmente risponde non sono più neanche arrabbiata. Però, non posso resistere... almeno una battutina:

"Non mi paghi il copyright?"

"Ma di cosa stai parlando?"

"L'articolo, Olly, quello sulle madri in provetta; ce l'ho qui davanti agli occhi, e la terza intervistata, non ci sono dubbi, sono io. Potevi almeno dirmelo che raccontavi la mia storia!"

Olivia nega. Ha un'aria così sorpresa che potrei persino crederle. Insisto, dico che l'ho già perdonata. Nega ancora. Però, interessante... E se comunque fosse questa la mia storia?

Mentre la mia amica-design continua a parlare ("Ho avuto un'idea geniale per il party, ma non voglio anticiparti niente, sarà una sorpresa"), parlare ("Tu non ti rendi conto di quanto lavoro ci voglia per contattare tutti, e dire che ho cominciato prima dell'estate, c'è gente che ancora non ha confermato") e parlare ("Ti sei segnata la data, vero? È il primo sabato di novembre, mi raccomando, hai già pensato a cosa metterti?"), io rileggo sovrappensiero l'articolo. Sì, non c'è dubbio, non sono io, eppure sono io.

Olivia chiude in fretta il telefono ("Mi chiamano sull'altra linea!"), e mi accorgo che non ha neppure nominato l'operazione Riaggancia il Tuo Ex. Ma è allegra, come da tempo non la sentivo. Si vede che la cura-sms sta dando i suoi frutti. Un amante virtuale, seppure ex, è meglio di niente. E chissà, magari a un certo punto deciderà di palesarsi e la porterà via sul suo cavallo bianco... O era una Citroën?

Basta, ho deciso. Resisterò fino alla festa di Olivia, e poi... via. Il tempo passa, non posso aspettare oltre. Prima di chiamare la clinica, però, c'è una telefonata che devo fare, e che sto rimandando da settimane. Da quando abbiamo deciso di andare all'estero, i farmaci per i trattamenti ormonali sono a carico nostro. Niente di male, se non fosse che ogni scatola di fialette costa come un viaggio a New York. Così, decido di seguire il consiglio della farmacista (che continua a scuotere la testa ogni volta che le allungo la ricetta per un'altra tortura sotto forma di iniezioni), e di provare a chiedere il rimborso.

Prima telefonata: il medico della mutua, che dice che devo chiamare l'Asl. L'Asl dice che devo chiamare l'Ufficio comunale. L'Ufficio comunale, quello regionale. Quello regionale, l'Asl. No, non hanno mai sentito, non credono, non sanno, non posso aspettare in linea? Finalmente una signora dall'aria scocciata arriva al telefono.

"Abbiamo già avuto una richiesta, per una procedura di cambio di sesso ma, guardi, non sono mutuabili. Anche lei li chiede per un cambio di sesso?"

"Veramente è per un trattamento contro la sterilità..."

"Sì, sì, è lo stesso. Non sono mutuabili. Si rende conto di quanto costano?"

"È appunto per questo che facevo domanda..."

"Se li faccia dare dalla sua struttura curante."

"Ma io sono in cura all'estero..."

"E allora, vede, non sono mutuabili."

"Ma in Italia c'è una lunghissima lista d'attesa, e poi ci sono delle procedure che ormai sono vietate..."

"Non sarà mica una di quelle che vogliono fare l'eterologa?"

Allontano la cornetta e respiro profondamente.

“No, veramente è tutto legale.”
“Con il seme di suo marito?”
“Sì. Ma per tornare ai farmaci...”
“E lei, scusi, quanti anni ha?”
Glielo dico. Adesso mi risponderà che sono troppo vecchia, non potevo pensarci prima?
“Non poteva pensarci prima? Non mi sembra che abbia più molto tempo.”
“Veramente sono anni che ci stiamo provando. Abbiamo fatto tutti gli esami, abbiamo fatto dei tentativi che non sono andati a buon fine...”
“Senta, mi dispiace, ma non posso fare niente”, taglia corto. “Però le vorrei dare un consiglio: non si stressi. Spesso è tutto un problema di stress.”
Ah, davvero?

Sfinita, faccio un’ultima telefonata: chiamo Il Lettino e comunico che starò via per due, probabilmente tre settimane. Cosa mi inventerò stavolta? Con le Fivet precedenti ho usato tutte le scuse: “Motivi di famiglia” (e non lo sono, forse?), “Una fortissima influenza” (che mi impedisce persino di rispondere al telefono), “Un piccolo intervento” (però questa come scusa va sempre bene, potrei usarla ancora). All’inizio, sono sicura, pensavano che la mia misteriosa scomparsa fosse dovuta a una liposuzione (malriuscita, visto che la mia silhouette non è cambiata di molto). Per il lifting, è ancora troppo presto, anche se ho notato che dopo la seconda Fivet mi guardavano con molto interesse: “Certo, Emma, sei proprio fortunata, neanche una ruga intorno agli occhi, come fai?"

Ma no, perché giustificarmi? Tanto, ho come l'impressione che a questo punto abbiano capito anche loro. Forse gliel'ha detto il Grande Materassaio. Ah, già, devo avvisare anche lui. Più avanti. Per ora non voglio sentire la sua rassegna stampa.

Rimangono i genitori. A mia madre cosa dico? Non c'è modo di evitarla: tra poco piomberà qui anche lei. Quando arrivano i primi freddi (e il suo compleanno), calano in città perché, come sostiene lei, hanno bisogno di una "vacanza dalla vacanza". E poi perché, ovviamente, "Non vi vediamo mai"....

"Tesoroooo..." Quando mia madre mi sveglia, inesorabile, la mattina dopo alle 7,30 (d'accordo, loro in barca si alzano con le prime luci, ma io che c'entro?), spiegandomi dettagliatamente con che volo rientrano, io non mi faccio cogliere impreparata.

Ho già il mio piano d'attacco. Sono pronta!

Eccoci qui. È il primo sabato di novembre e io sto lottando con un paio di calze. Sono andata di soppiatto a fare un Mutanda Day personale, e mi sono comprata il mio primo paio di autoreggenti. Anzi, di parigine: ho appena scoperto che si chiamano, maliziosamente, così. Sono molto fiera di me stessa; spero solo di non romperle mentre le infilo, sarebbe una fine proprio misera del mio *upgrading* da Casalinga Telematica a Donna Seducente. Sceglierle è stato facile, una sciocchezza: se vado avanti così, mi comprerò anche un cellulare e manderò sms a tutti. I miei ex compresi.

Vediamo intanto l'effetto. Il Consorte non si è accorto di niente, ma questo – dicono le esperte – non conta. La biancheria sexy si dovrebbe vedere dipinta sul volto di chi la indossa, no? Sicurezza, autostima, potere seduttivo... Per ora, secondo me, si vede solo che ho freddo alla pancia, ma conto sul fatto che un party design sarà sicuramente ben riscaldato. A meno che Olivia non ci faccia stare tutti fuori, come l'anno scorso, quando ha ricreato un Jardin d'Hiver stile russo (con annessa temperatura), e ha insistito che prendessimo l'aperitivo senza cappotto e a zero gradi.

Oggi era anche il compleanno di mia madre. Mi ci è voluto circa un mese per trovarle un regalo a prova di critica (difficilissimo, perché quando dice: "Non dovevi, Emma", ovverossia sempre, è evidente che lo trova orribile). Alla fine ho optato per una crema per il viso che mi è costata come una confezione (grande) di caviale: secondo la profumiera, è antirughe, antivento, antisole, antitutto, sembra quasi che mettendola si diventi un'altra persona! (E forse era quello il mio recondito pensiero...) Mi sembrava perfetta per mia madre, sempre in barca, eppure temevo una delle sue frasi killer, tipo: "Ma mi vedi così vecchia?"; o: "Ne hai presa una anche per te?" Invece, per una volta, mi ha sorpreso. Mi ha profusamente ringraziato ed è stata carina per tutto il pranzo. Forse, anche essere la madre di un'Aspirante Madre non è così semplice come sembra.

Ma basta fare trama. La festa ci aspetta.

Entriamo.

In un attimo mi pento di essermele proprio messe, le calze. La lobby del design hotel di Olivia è illuminata a giorno, e la temperatura è molto simile a quella di una sauna. Cos'è successo? Oh, no, è "Luce!" Ovvero è l'ineguagliabile idea di Olivia per il suo party. Perché la sconsiderata ha chiesto a tutti i direttori dei design hotel invitati (un centinaio), di arrivare ognuno con una lampada del proprio albergo. Un vero e proprio segnale di stile. Fin qui, l'idea mi era sembrata carina (anche se Olly ha negato che fossi stata io a ispirargliela, l'estate scorsa, arrivando a casa sua con la luce di soccorso...). Quello che non posso sospettare è che le accenda davvero, le lampade, man mano che gli ospiti arrivano. Ma dov'è finita?

Eccola. Che strano, non sta caracollando col suo solito passo mi-sono-dimenticata-che-ho-messo-i-tacchi. Anzi, mi sembra più bassa del solito. Cos'è successo? A parte il sorriso radioso stampato in faccia (ma questo non è il suo solito "sorriso preventivo" da pierre), c'è un uomo sconosciuto che le sta molto, molto vicino. Ed è molto, molto basso (sarà per questo che Olivia ha inaspettatamente rinunciato ai dieci centimetri in più?).

Sorriso Radioso si avvicina.

"Emma, ti presento Bob..." e irradia con il suo sorriso lo sconosciuto che, guarda un po', sta sorridendo in maniera ebete anche lui. E che, decisamente, sicuramente, non è Bob di Capetown. "Anzi, forse dovrei dire: ti presento Roberto". Due sorrisi mi accecano. Ci mancava questo, oltre ai kilowatt di cui è carica la sala. È successo qualcosa che mi sfugge, e per una volta il "Tu non capisci" di Olivia mi sembrerebbe molto appropriato.

Però non lo dice. Mi informa, invece, sempre irradiando sorrisi:

"Perché Roberto non è Bob!"

Fin lì c'ero arrivata.

"Nel senso che in tutti questi mesi io pensavo di scrivere a Bob, e invece era lui... Ho fatto un pasticcio quando ho mandato la prima mail circolare, quella, ehm, di Riaggancia il tuo Ex. Lui l'ha ricevuta, mi ha scritto dicendo che forse c'era un errore, che non gli risultava avessimo dei trascorsi sentimentali. Io pensavo che fosse Bob che scherzasse e ho insistito..."

"... e così, eccoci qui."

Roberto parla e dal poco che posso capire non solo non è un ex, ma non è neanche straniero: direi, così a occhio, più... barese? Leccese? Salentino? Insomma: quanto di più lontano dal sogno d'oltreoceano di Olivia. Eppure, sbaglio o le piace?

"Ho una masseria in provincia di Bari", racconta il neo-agganciato, "e sto pensando di trasformarla in un design hotel. È per questo che avevo scritto a Olivia, e sono finito nella mailing list... sbagliata. Ma alla fine, stasera, ci siamo chiariti."

"Con lampada?"

"Con lampada", e alza il braccio mostrando fiero un portacandele in terracotta. Poco design, ma per fortuna almeno lui non ha acceso il suo lume, dimostrando così di capire, a differenza della sventatissima Olivia, che a questo punto sembra di essere a Nuova Delhi e non nella ghiacciata Milano.

Olivia intanto racconta: olivi millenari e una masseria del Settecento, piscina scavata nel tufo e orecchiette fatte a mano… Sta già riscrivendo il dépliant.

"Chiaramente c'è ancora molto lavoro da fare. Secondo me, Olivia, ci starebbe bene un centro fitness…"

"Un centro *wellness*, vorrai dire…"

Roberto la ignora. Sorride. Altri watt incendiano l'aria.

"Ma soprattutto avrò bisogno di una direttrice esperta. Che mi porti un po' di aria internazionale. Un po' di idee…"

"… luminose?" La coppia-watt ride, soddisfatissima. A questo punto tutto è chiaro. Olivia sistemata! Olivia rifidanzata, grazie a un corteggiamento fatto di equivoci e sms, e senza neanche aver riagganciato un ex! Già la vedo, a insegnare l'inglese alle cuoche locali per attrarre signore americane che vogliano imparare a fare le orecchiette a mano; a far scavare nel tufo, oltre che la piscina, un centro massaggi shiatsu… Certo, voleva sposare uno straniero, ma per una milanese-design, un barese fra i trulli non è forse follemente esotico? Più di un resort alle Maldive, di sicuro.

Un'altra coppia imprevista si sbraccia dall'altra parte della sala. Anna… con l'occhiuto oculista? Non ci credo. Si è presentata davvero insieme all'amante misterioso? E Carlo? C'è anche lui. Situazione ad alto rischio, non prevista da alcun regolamento della I B. Improvviserò.

"Finalmente siete arrivati. Non vi conoscete ancora, immagino…"

È Carlo che parla, e sorride – inspiegabilmente – con una mano sulla spalla dell'occhiuto oculista. Non sono preparata. Dunque non devo cancellare niente dall'agendina degli indirizzi, anzi devo aggiungere? La famiglia allargata si allarga ancora? Sì, qui ci vivo io con mio marito, mia figlia e – a weekend alterni – la figlia del suo primo matrimonio, e il mio amante…

"… ma Annetta voleva tenere tutto segreto fino a stasera."

E ci credo! Invece adesso siete pronti con le partecipazioni?

"Ormai la cosa è fatta. Quindi, ecco il nuovo datore di lavoro di Anna!"

Stringo debolmente la mano all'occhiuto.

"Quindi, ehm, adesso ti occuperai di occhiali?"

"Ma allora ci avevi creduto davvero! No, mia cara, non è il mio oculista: l'avevo detto solo per depistarti… O, forse, per scaramanzia. No, lui è il proprietario di quello che, sono sicura, sarà il ristorante dell'anno! Solo che non abbiamo il nome, anzi, Emma, potresti darci una mano tu… Biscotti & Ricordi? Il mangiaricordi? Comfort Food? O ti piace di più Sogni di zucchero?" E mi strizza l'occhio.

Disgraziata, fa anche la spiritosa. "Sogni di zucchero" era il messaggio compromettente sul telefonino che aveva mostrato a me e Olivia quest'estate… Non un romantico sms di buona notte, dunque, ma il nome di un ristorante!

"Insomma, il nome non c'è ancora, ma l'idea sì. Cucinerò i piatti dell'infanzia, quelli della nostalgia, tutto ciò che abbiamo voglia di mangiare quando ci sentiamo tristi e incompresi. Ci saranno delle ricette fisse (riso al latte, torta di mele, anche qualche zuppa di quelle che piacciono a te) e poi, ogni settimana, un piatto con una storia, che sarà pubblicata sul menu. Abbiamo pensato anche a un servizio catering: veniamo a casa a cucinarti il piatto dei tuoi ricordi..."

Sono sbalordita.

Preferisco-non-rispondere ha vuotato il sacco e, devo dire, è stata una bella sorpresa. Anche se quello sguardo languido che lei e l'oculista, ops, il ristoratore si sono scambiati, mi sembra un tantino sospetto. Vabbe', non indaghiamo. Non è il momento. Anche perché Annetta sta continuando a magnificare il suo futuro ristorante.

"E tra i dolci, ovviamente, strudel alle ciliegie! Indovina chi mi ha dato la ricetta?"

Ah, bene! Qui tutti sapevano tutto, tranne l'amica del cuore. Con il Consorte farò i conti dopo (perché quando un uomo dice che mantiene il segreto lo mantiene davvero?), ma soprattutto non riesco ancora a credere che Annetta mi abbia tenuto all'oscuro per mesi e mesi...

"Sei contenta?"

Ma sì, certo che sono contenta. Contenta come quando, nei miei romanzi trash, ogni tassello del puzzle va al suo posto. Qui però manca un pezzettino.

Ci penso salutando le mie amiche ("Allora in bocca al lupo, fatti viva tu"), ci penso tornando a casa, ci penso mentre in camera da letto mi aspetta la valigia aperta.

Perché domani è il grande giorno: partiamo. Ho salutato, ho detto (fatto capire) a tutti quello che avevo intenzione di fare: un'altra Fivet. A Olivia ed Emma, alla farmacista e ai miei genitori, al Lettino...

Ah, già, il Lettino. Con Il Lettino ho parlato, ma con il Grande Materassaio no.

Domani mattina, prima di uscire, devo fare solo un'ultima telefonata: al Grande Materassaio. Però, stavolta, la rassegna stampa gliela leggo io. Ho raccolto qualche articolo, ma niente mi sembra abbastanza all'altezza... Solo lui riesce a trovare certe notizie, in bilico tra l'horror e l'incoraggiamento, come l'ultima che mi ha recitato: "Washington. Un'indagine USA stravolge le teorie sulla fertilità femminile: le donne produrrebbero ovuli nuovi per tutta la vita adulta. Finora, infatti, si pensava che venissero al mondo con un numero prefissato di ovuli, che col passare degli anni si deteriorano. Se la scoperta – fatta in quattro diversi esperimenti condotti su femmine di topo di laboratorio da scienziati della Harvard Medical School – verrà confermata, aprirà strade totalmente nuove per le donne che non sono ancora madri". La so a memoria, perché non ho ancora capito: è una buona o cattiva notizia poter sperare in un figlio fino a 50 anni?

Vabbe', sacrificherò il pezzo forte della mia collezione. Niente telefonata. Prendo una pagina ormai polverosa che usavo come segnalibro, con il solito titolo imbarazzante ("Con questa legge si potrà fecondare?" come se si parlasse di galline), ma con una foto davvero poetica. Un embrione ingrandito al microscopio che sembra una biglia verde e gialla, con un alone luminoso intorno; anzi sembra il pianeta di una costellazione lontana... Ritaglio la foto, elimino il titolo, ci scrivo sopra con un pennarello: "Parto, ci vediamo a fine mese". Capirà? O penserà che mi sono imbarcata su un'astronave per Marte?

Infilo in una busta. Forse anche il Grande Materassaio è stufo di ricevere bollette e multe, sarà contento di avere della vera posta da aprire.

Sono pronta.

Solo che non sto andando dove tutti pensano.

Nelle ultime settimane, un saluto dopo l'altro, mi sono accorta di aver cambiato idea. Ho capito che non voglio passare la frontiera con le solite siringhe in valigia. Stavolta voglio metterci costumi e felpe e la macchina fotografica. Perché stavolta voglio una vacanza *vera*. Un viaggio, senza orari e senza meta. Senza pensieri e senza prenotazioni. Succederà domani. Domani apriamo il computer, carta di credito in mano, e scegliamo un volo, uno qualunque: New York o Bali, Barcellona o Bombay... (A dir la verità, qualche preferenza ce l'avrei, non si può lasciare tutto, proprio tutto, in mano al destino.)

In segreto? In segreto. Senza dirlo a nessuno. Per tutti sarò tra dottori e monitoraggi, nella solita sala d'attesa dell'ospedale. E invece no. Stavolta l'unica sala d'attesa che vedrò è quella dell'aeroporto.

Mentre chiudo la valigia, un unico dubbio. E se stavolta, proprio stavolta, tornando a casa da una Fivet-per-finta, rimanessi incinta per davvero?

RINGRAZIAMENTI

Adoro leggere i ringraziamenti in fondo a un libro: sono quasi un romanzo. E, ovviamente, non vedevo l'ora di scrivere i miei...

Grazie, dunque, a Manu, che mi ha telefonato ogni giorno (o quasi) chiedendomi: "Hai scritto?"; agli zii di Trieste, che mi hanno prestato la loro casa sotto il tetto (e vicino al Caffè degli Specchi); a Stefania, che mi ha regalato i suoi pensieri sulla maternità; a Nicoletta, la mia prima amica nel mondo dei libri: per il tempo, la pazienza, le strategie e... le virgole (anche se, lo so, avrebbe preferito un romanzo ambientato in Toscana); a Sergio, per avermi fatto notare che non dovevo tuffarmi: stavo già nuotando; a Mette e Karen, che da Copenhagen e Hong Kong hanno condiviso con me le loro storie di Aspiranti Madri (e che aspettano l'edizione in inglese); al mio Direttore, che (qualche volta) mi ha detto di sì anche quando avrebbe voluto dirmi di no; alle mie tre fans in Sonzogno, Luisa, Lydia e Ornella: grazie per avermi fatto quasi cadere dalla sedia, e per avermi trasformato in un'AUTRICE.

E grazie, soprattutto, alle mie amiche, che mi hanno portato a mangiare il sushi anche quando non ne avevano voglia: ricordatevi, avete firmato una liberatoria!

INDICE

Finito di stampare nel mese di maggio 2005
presso Tip.Le.Co., Via S. Salotti, 37 – San Bonico – Piacenza

Printed in Italy